Le petit mercure

Suivi éditorial par Jean-Michel Décimo

Le goût de Noël

Textes choisis et présentés
par Sandrine Fillipetti

Mercure de France

Nous avons tenté de joindre tous les auteurs ou leurs ayants droit. Pour certains d'entre eux, malgré nos efforts, nos recherches de coordonnées n'ont donné aucun résultat. Leurs droits leur sont naturellement réservés.

© Mercure de France, 2015, pour l'introduction,
les présentations et les commentaires
ISBN : 978-2-7152-4163-3

SOMMAIRE

MON BEAU SAPIN

Pierre-Jakez Hélias : Le Sauveur n'a pas d'ailes	13
Truman Capote : Un mauvais tour	16
Isaac Asimov : « Si Pè No'l pas venir, nous pas travailler »	18
Charles Dickens : Métamorphose	22
Guillaume Apollinaire : Roi des forêts	26
Hans Christian Andersen : Le bal du débutant	28
Thomas Mann : Trop de bonheur	32
Ernst Theodor Amadeus Hoffmann : Enfants gâtés, enfants blasés	36
Selma Lagerlöf : Y aura-t-il un livre à Noël ?	40
Victor Hugo : À pas de loup	44
Theodor Kröger : Loin de la patrie	46
Henry Murger : Un réveillon de quarante sous	51
Armistead Maupin : Pile ma taille !	56

ITE MISSA EST

Clément Marot : « Chantons Noël tant au soir qu'au desjuc »	61
Roland Dorgelès : La grande illusion	63
Louis Barthas : Messe en sol miné	67
Bernard Alexandre : Pas drôles de paroissiens !	69
Paul Claudel : Noël, messes de contrastes	72
Jean Giono : Les santons et le secret des cœurs	74

Le goût de Noël

Alphonse Daudet : Messes à train d'enfer	78
Michel Tremblay : Les trois messes lassent	82

MINUIT, CHRÉTIENS : L'HEURE DU CRIME !

Ernst Jünger : Stille Nacht	89
Guy de Maupassant : Il est né le divin enfant… dans mon lit	91
Paul Bourget : Ecce homo	96
Anne Perry : Un marécage près de la mer	100
Alphonse Allais : La nuit des monte-en-l'air	104
Agatha Christie : Bonne saison pour le crime	108
John Cheever : Noël n'est pas pour les pauvres	111
Fedor Mikhaïlovitch Dostoïevski : Noël dans l'au-delà	115
Pierre Alexis de Ponson du Terrail : Assassiner sa jeunesse	120
Nicolaï Vassilievitch Gogol : Vol de lune	124
Eugène Scribe : Gare au cimetière !	128

INTRODUCTION

Laissons à l'ethnographe et folkloriste français Arnold Van Gennep (1873-1957) l'autorité de définir le contexte cérémoniel : « Noël est, non pas seulement pour les chrétiens convaincus et pratiquants, mais aussi pour tous sans exception, l'une des fêtes principales de l'année, au même titre que la fête patronale. Le complexe rituel et affectif comprend ainsi les souvenirs de froid et de neige, tout au moins dans les régions du Centre et du Nord, un peu moins dans celles du Midi. Il comprend aussi des éléments spectaculaires ; par la messe de minuit, la bûche, les crèches et, depuis une centaine d'années environ, l'arbre décoré. Il comprend, enfin, le sentiment de la cohésion familiale qui se matérialise par la veillée, la marche en groupe à l'église et le retour à la maison où, par un repas, communion alimentaire qui, comme aux baptêmes, aux noces, aux funérailles, aux fêtes patronales, renforce de nouveau ce sentiment que la lutte des intérêts et les difficultés économiques tendent à diminuer[1]. »

De cette fête traditionnelle dont les us varient selon les pays, les régions et les époques, les écrivains ont tiré des inspirations contrastées. Joyeuse, voire mélancolique pour certains, avec ses réminiscences de réveillons lumineux en famille, sa plénitude mystique et la nostalgie

---

1. Arnold Van Gennep, *Manuel de folklore contemporain, tome premier, VII, Cycle des douze jours*, Éditions A. et J. Picard et Cie, 1958.

enfantine du distributeur de cadeaux – de l'Enfant-Jésus au Père Noël du type dit anglo-saxon, grand vieillard à barbe blanche portant bonnet de fourrure et houppelande rouge bordée d'hermine ou de peau de lapin blanche –, elle devient convention réductrice pour d'autres, qui lui opposent la gravité du témoignage social ou les désastres des temps de guerre. D'autres encore se libèrent de la tradition par l'absurde, lâchant la bride à un imaginaire haut en couleurs qui ouvre les festivités à tous les possibles. C'est à cette pluralité des points de vue, partagée entre expérience du merveilleux et sens du fondamental, transfiguration poétique et truculence métaphorique, entre art de manier l'illusion tout autant que d'en démasquer les puissances, que cette anthologie, puisant dans le vaste corpus des textes dévolus à la période de Noël, voudrait répondre. Ce qui unit les auteurs sélectionnés n'est pas leur appartenance à un courant ou à un climat précis : c'est dans l'écriture même que se joue la partie.

La graphie et l'orthographe des extraits cités n'ont pas été modifiées, exception faite de celles du texte de Clément Marot, modernisées pour un meilleur confort de lecture.

En Avent, toute !

Sandrine FILLIPETTI

MON BEAU SAPIN

PIERRE-JAKEZ HÉLIAS

Le Sauveur n'a pas d'ailes

Avec la chronique autobiographique Le Cheval d'Orgueil, *Pierre-Jakez Hélias (1914-1995) a livré un exceptionnel document ethnographique sur la Bretagne populaire au tournant du siècle dernier, ses traditions et ses codes strictement établis.*

Je ne connais pas le père Noël. Mes parents non plus. Mon grand-père encore moins. L'enfant Jésus n'a pas délégué ses pouvoirs à ce personnage à barbe et houppelande qui sera plus tard une caricature des grands-pères quand ceux-ci auront été déchargés de l'éducation de leurs petits-fils. Il ne viendrait à l'idée de personne d'aller déplanter un sapin dans quelque bois pour le faire trôner au beau milieu de la maison. A-t-on jamais vu un sapin prendre racine dans la terre battue ! Tandis que la bûche de Noël a bien sa place dans la cheminée, pas vrai ! C'est une bûche qui nourrit le feu, qui réchauffe la maison et qui préserve aussi de l'orage, sans compter d'autres vertus qu'on ne connaît pas toujours. Cette bûche est déjà préparée au fond de l'âtre. L'Enfant Jésus peut venir en robe blanche et les pieds nus. Il n'aura pas froid.

Oui, mais voilà ! Il n'entre point par la porte. La porte laisse passer n'importe qui. Et ce n'importe qui, même grand-père, est toujours chargé de quelque péché.

Mon beau sapin

L'enfant descend par la cheminée. Toute noire qu'elle soit, la cheminée est pure à cause du feu qui purifie tout. Et c'est pourquoi grand-père se démène pour préparer notre meilleure échelle à l'intention du Fils. Le Fils a voulu être homme. Il n'a donc pas d'ailes comme en ont les anges. C'est facile à comprendre. Et c'est pourquoi ma mère prête sa meilleure brosse de chiendent pour nettoyer l'échelle avec le renfort d'un seau d'eau. Quel remue-ménage ! Enfin, la voilà propre et sèche. Alain Le Goff va jusqu'à badigeonner les blessures du bois avec un pinceau trempé dans un produit noir. Là-dessus, il soulève l'échelle avec précaution, la fait entrer dans la maison en nous écartant de son chemin avec une voix rude, comme il convient quand on vous gêne dans vos travaux sérieux. Voilà l'échelle dressée, non sans mal, dans la cheminée. L'Enfant Jésus pourra descendre à son aise. Je suis éperdu d'attente.

Il viendra vers minuit, dit grand-père. Si vous pouvez demeurer éveillé jusque-là, vous le verrez par le trou du lit clos. Je voudrais bien voir l'Enfant Jésus qui doit être de mon âge, n'est-ce pas, et qui sait sûrement jouer aux billes. Mais les émotions de la journée sont trop fortes. Et puis, grand-père n'arrête pas de me faire aller ici et là sans me laisser un moment de répit. A sept heures du soir, je dors déjà en mangeant ma soupe. A huit heures, après une lutte héroïque pour garder mes yeux ouverts, c'est à peine si je peux grimper tout seul sur ma paillasse de balle d'avoine. Je sombre corps et âme dans le crissement lointain des portes du lit qui se referment sur moi.

Un bruit de tonnerre me réveille. Serait-ce la fin du monde sur nous ? Mais la trompette de l'Archange est

Le Sauveur n'a pas d'ailes

un tambour que je connais bien pour l'avoir fait sonner moi-même. Celui que mon oncle Jean Le Goff m'a rapporté de quelque ville avant d'aller se faire tuer à la guerre. Mais comme il résonne fort ! Qui se permet... Je me dresse dans ma chemise de chanvre, je colle un œil dans une des sculptures à jour de mon lit clos et je vois. Je vois grand-père, en chemise lui-même, les pieds nus dans ses sabots, dressé sur le sol de terre battue, qui sonne la charge du mieux qu'il peut. Il devine mon œil derrière un des trous, il voit mes doigts qui s'agrippent aux fuseaux du lit. Il s'arrête et d'une voix désolée :

« J'ai été pris de court, dit-il. Je vous ai réveillé aussi vite que j'ai pu, mais c'était déjà trop tard. Il n'a fait que descendre et remonter. Moi-même, c'est à peine si j'ai vu le pan de sa robe. Il a tant de travail à faire cette nuit, le pauvre Enfant Jésus ! Mais il a laissé quelque chose pour vous derrière lui. Venez donc voir ! »

Dans mon sabot droit, il y a une pomme d'orange, dans le gauche un Jésus en sucre. On m'expliquera que je ne puis manger ni l'un ni l'autre avant des jours et des jours d'exposition sur le vaisselier. Regardez mieux, dit grand-père. Au fond du sabot gauche, il y a un cornet de bonbons rouges des plus communs, au fond du sabot droit une barre de chocolat. Je m'assieds sur la pierre du foyer pour les goûter tout de suite. Ils sont voués à la consolation du pauvre chrétien en herbe qui a manqué son rendez-vous avec le Sauveur.

Le Cheval d'Orgueil,
traduit du breton par l'auteur
© Éditions Plon, 1975

TRUMAN CAPOTE

Un mauvais tour

Écrivain autodidacte, Truman Capote (1924-1984) mit au point une technique proche du reportage, « un style du "vu" et de l'"entendu" », élargissant sans cesse l'étendue de ses investigations littéraires. Dans Un Noël, Buddy, âgé de six ans, quitte l'Alabama pour passer Noël à la Nouvelle-Orléans, avec un père qu'il connaît à peine.

Je continuai à regarder jusqu'à ce que mon père eût terminé ses préparatifs et soufflé les quelques bougies qui brûlaient encore. J'attendis d'être sûr qu'il s'était couché et dormait profondément. Alors je descendis à pas de loup au salon, encore saturé de l'odeur des gardénias et des cigares de La Havane. [...]

Quand l'aube se leva, j'examinai les étiquettes attachées à chacun des paquets. Elles disaient toutes : pour Buddy. Toutes sauf une où était écrit : pour Evangeline. Evangeline était une vieille femme de couleur qui buvait du Coca-Cola à longueur de journée et pesait cent trente kilos. C'était la femme de ménage de mon père ; elle était aussi comme une mère pour lui. Je résolus d'ouvrir les paquets ; c'était le matin de Noël, j'étais réveillé, alors pourquoi pas ? Je ne m'attarderai pas à décrire ce qu'ils contenaient : simplement des chemises, des sweaters et des trucs sans intérêt du même genre. Le seul objet que j'appréciai fut un pistolet à amorces dernier cri. L'idée me vint alors que ce serait drôle de réveiller mon père en tirant avec. Ce que je fis. *Pan. Pan. Pan.*

Il bondit hors de sa chambre, l'air affolé.

Pan. Pan. Pan.

– Buddy... mais nom d'un chien, qu'est-ce que tu fabriques ?

Pan. Pan. Pan.

– Arrête !

Je me mis à rire. – Écoute, papa. Regarde toutes les choses merveilleuses que m'a apportées le Père Noël.

Calmé, il entra dans le salon et me serra sur son cœur. – Tu aimes ce que t'a apporté le Père Noël ?

Je lui souris. Il me sourit. Il y eut entre nous un moment de tendresse que je réduisis à néant en répondant : – Oui. Mais qu'est-ce que tu vas me donner, *toi*, papa ? Son sourire s'évanouit. Il plissa les yeux, méfiant – visiblement il me soupçonnait de lui jouer un sale tour. Puis il rougit, comme s'il avait honte d'avoir cédé à une telle pensée. Il me caressa la tête, toussa et dit : – Eh bien, il m'a semblé que le mieux serait de te laisser choisir quelque chose dont tu avais envie. Y a-t-il un jouet particulier qui te tente ?

Je lui rappelai l'avion que nous avions vu dans la vitrine du magasin de Canal Street. Son visage s'allongea. Oh oui, il se souvenait très bien de l'avion et de son prix exorbitant. Néanmoins, le jour suivant, j'étais assis dans cet avion, rêvant que je montais en flèche vers le ciel pendant que mon père remplissait un chèque pour le marchand ravi.

Un Noël, in Œuvres,
traduit de l'anglais (États-Unis) par Henri Bobillot
© Éditions Gallimard

ISAAC ASIMOV

« Si Pè No'l pas venir, nous pas travailler »

Romancier, nouvelliste et essayiste américain, Isaac Asimov (1920-1992) fut un auteur de science-fiction fécond (rendu célèbre par la trilogie Fondation) *et non dépourvu de fantaisie. Dans* Noël sur Ganymède, *les Truchies, à qui le dénommé Olaf a raconté l'histoire du Père Noël, menacent de faire grève si ce dernier ne vient pas chez eux. « Truchie, ce diminutif d'autruche, est le surnom que l'on a donné aux indigènes ganymédiens car ils ressemblent à ce volatile […]. Ils parlent le langage des Terrestres, mais quand on les entend, on préférerait qu'ils n'en fassent rien. »*

Le Père Noël était arrivé.

Encore haletant, Olaf jeta le sac sur son épaule, ajusta sa barbe et tapota au passage la tête d'un des malheureux spinies qui souffrait en silence. La mort le guettait peut-être, il en arrivait même à la souhaiter, mais il mourrait debout, en vrai Johnson.

Dans la vaste hutte où les Truchies s'étaient de nouveau rassemblés, un choc sourd annonça l'arrivée sur le toit du sac du Père Noël, puis du Père Noël lui-même. Un horrible visage apparut à travers l'ouverture grossièrement aménagée dans le toit et une voix croassante lança :

– Joyeux Noël ! puis il y eut une dégringolade.

« Si Pè No'l pas venir, nous pas travailler »

Une fois de plus Olaf atterrit sur sa bouteille à oxygène qui, une fois de plus, le blessa au bon endroit.

Les Truchies se mirent à sauter sur place comme des balles de caoutchouc.

Olaf se dirigea en boitant profondément vers le premier bas et il déposa une boule violemment colorée qu'il avait puisée dans son sac. Ces boules de couleur vive et gaie étaient primitivement destinées à garnir l'arbre de Noël. Il les déposa une à une dans les bas placés à cette intention.

Une fois sa mission accomplie, il s'accroupit sur le sol et observa, l'œil atone et vitreux, ce qui allait suivre. Pour un Père Noël, il manquait singulièrement de cette jovialité et de cet entrain bon enfant qui sont ses caractéristiques.

Mais la joie exubérante des Truchies compensa largement son manque d'entrain. Ils avaient attendu en silence qu'Olaf ait distribué la dernière boule. Mais à peine en avait-il terminé que l'air retentit de leurs cris discordants. En moins d'une seconde chaque Truchie s'était emparé d'une de ces boules de verre gaiement coloriées.

Ils se mirent à jacasser avec véhémence, tenant soigneusement les boules dans leurs mains, ou les pressant contre leur poitrine. Puis ils les comparèrent les unes aux autres, s'extasiant devant les plus belles.

Le Truchie le plus hardi s'approcha de Pelham et le tira par la manche.

– L'est gentil, le Pè No'l! croassa-t-il. Regarde, il apporter œufs! Et regardant avec respect la petite boule coloriée : Des œufs plus beaux que font les Truchies!

Mon beau sapin

Des œufs du Pè No'l hein ? et il enfonça son doigt osseux dans le ventre de Pelham.

– Non ! s'écria le commandant. Certainement pas !

Mais le Truchie ne l'écoutait plus. Il enfouit profondément la petite sphère colorée dans ses plumes et dit :

– Jolie couleur ! Met longtemps pour sortir, p'tit Pè No'l ! Et y mange quoi l'bébé Pè No'l ? Et levant les yeux vers Pelham : Nous bien soigner p'tits Pè No'ls. Seront malins les Truchies.

Pierce attrapa le commandant par le bras et dit d'un ton pressant :

– Ne discutez pas avec eux. Qu'est-ce que ça peut vous foutre qu'ils s'imaginent que ce sont là des œufs du Père Noël ? Allez, venez ! Si nous travaillons comme des fous, nous atteindrons le quota désiré, mais pour cela il faut nous y mettre immédiatement.

– Vous avez raison, reconnut Pelham qui, se tournant vers le Truchie, lui ordonna :

– Et maintenant, tous au travail ! Compris ? Nous n'avons pas de temps à perdre ! Allez-y !

Il accompagna ses paroles d'un geste expressif de la main, mais le Truchie, au lieu d'obtempérer, objecta, l'air têtu :

– Oui, nous travailler mais d'abord Johnson dire Pè No'l revenir chaque année.

– Alors une fête de Noël de vous suffit pas ! aboya Pelham.

– Non ! coassa le Truchie. Nous vouloir Pè No'l chaque année, et plus d'œufs. Et année après année, encore plus œufs. Puis l'année après, puis l'année, puis l'année toujours plus œufs et plus p'tits Pè No'l sortir œufs. Si Pè No'l pas venir, nous pas travailler.

– Une année, c'est long, lui fit remarquer Pelham. On a le temps d'en parler. D'ici là, ou je serai devenu complètement fou, ou vous aurez oublié tout ça.

Pierce ouvrit la bouche, la referma, l'ouvrit encore, la referma de nouveau, l'ouvrit et parvint enfin à dire :

– Commandant, ils exigent que le Père Noël revienne chaque année.

– Oui, c'est bien ce que j'ai compris. Mais d'ici là ils auront tout oublié.

– C'est que vous n'y êtes pas du tout. Pour eux, une année c'est le temps d'une révolution ganymédienne autour de Jupiter. C'est-à-dire, en termes terrestres, sept jours et trois heures. Ils exigent donc que le Père Noël revienne chaque semaine.

– Chaque semaine ! fit Pelham avalant péniblement sa salive. Johnson leur aurait dit…

Il fut pris de vertige, s'étrangla, puis chercha Olaf du regard.

Olaf, terrifié, se releva et gagna subrepticement la porte. Mais il s'arrêta sur le seuil, obéissant à la tradition. La barbe en bataille, il croassa :

– Joyeux Noël à tous, et bonne soirée !

Puis il se dirigea vers le traîneau comme si tous les démons de l'enfer étaient à ses trousses. Ce n'était pas les démons qu'il avait à ses trousses, mais le commandant Scott Pelham.

Noël sur Ganymède,
traduit de l'américain par Jane Fillion
© Éditions Denoël, 1974,
pour la traduction française

CHARLES DICKENS

Métamorphose

« Dans l'atroce, il rejoint presque Dostoïevski » écrivit André Gide à propos du romancier anglais Charles Dickens (1812-1870), lequel critiqua l'emprise de l'argent sur le cœur des hommes et dénonça une société faite de contraintes et d'injustices.

Et l'esprit demeura immobile comme toujours. Scrooge se traîna vers le tombeau, tremblant de frayeur, et, suivant la direction du doigt, lut sur la pierre d'une sépulture abandonnée son propre nom :

EBENEZER SCROOGE.

« C'est donc moi qui suis l'homme que j'ai vu gisant sur son lit de mort ? » s'écria-t-il, tombant à genoux.
Le doigt du fantôme se dirigea alternativement de la tombe à lui et de lui à la tombe.
« Non, esprit ! oh ! non, non ! »
Le doigt était toujours là.
« Esprit, s'écria-t-il en se cramponnant à sa robe, écoutez-moi ! je ne suis plus l'homme que j'étais ; je ne serai plus l'homme que j'aurais été si je n'avais pas eu le bonheur de vous connaître. Pourquoi me montrer toutes ces choses, s'il n'y a plus aucun espoir pour moi ? »

Métamorphose

Pour la première fois, la main parut faire un mouvement.

« Bon esprit, poursuivit Scrooge toujours prosterné à ses pieds, la face contre terre, vous intercéderez pour moi, vous aurez pitié de moi. Assurez-moi que je puis encore changer ces images qui vous m'avez montrées, en changeant de vie ! »

La main s'agita avec un geste bienveillant.

« J'honorerai Noël au fond de mon cœur, et je m'efforcerai d'en conserver le culte toute l'année. Je vivrai dans le passé, le présent et l'avenir ; les trois esprits ne me quitteront plus, car je ne veux pas oublier leurs leçons. Oh ! dites-moi que je puis faire disparaître l'inscription de cette pierre ! » […]

Ding, din, dong, boum ! boum, ding, din, dong ! Boum ! boum ! boum ! dong ! ding, din, dong ! boum !

« Oh ! superbe, superbe ! »

Courant à la fenêtre, il l'ouvrit et regarda dehors. Pas de brume, pas de brouillard ; un froid clair, éclatant, un de ces froids qui vous égayent et vous ravigotent ; un de ces froids qui sifflent à faire danser le sang dans vos veines ; un soleil d'or ; un ciel divin ; un air frais et agréable ; des cloches en gaieté. Oh ! superbe, superbe !

« Quel jour sommes-nous aujourd'hui ? cria Scrooge de sa fenêtre à un petit garçon endimanché, qui s'était arrêté peut-être pour le regarder.

– Hein ? répondit l'enfant ébahi.

– Quel jour sommes-nous aujourd'hui, mon beau petit garçon ? dit Scrooge.

– Aujourd'hui ! repartit l'enfant ; mais c'est le jour de Noël.

Mon beau sapin

– Le jour de Noël ! se dit Scrooge. Je ne l'ai donc pas manqué ! Les esprits ont tout fait en une nuit. Ils peuvent faire tout ce qu'ils veulent ; qui en doute ? certainement ils le peuvent. Holà ! hé ! mon beau petit garçon !

– Holà ! répondit l'enfant.

– Connais-tu la boutique du marchand de volailles, au coin de la seconde rue ?

– Je crois bien !

– Un enfant plein d'intelligence ! dit Scrooge. Un enfant remarquable ! Sais-tu si l'on a vendu la belle dinde qui était hier en montre ? pas la petite ; la grosse ?

– Ah ! celle qui est aussi grosse que moi ?

– Quel enfant délicieux ! dit Scrooge. Il y a plaisir à causer avec lui. Oui, mon chat !

– Elle y est encore, dit l'enfant.

– Vraiment ! continua Scrooge. Eh bien, va l'acheter !

– Farceur ! s'écria l'enfant.

– Non, dit Scrooge, je parle sérieusement. Va l'acheter et dis qu'on me l'apporte ; je leur donnerai ici l'adresse où il faut la porter. Reviens avec le garçon et je te donnerai un schelling. Tiens ! si tu reviens avec lui en moins de cinq minutes, je te donnerai un écu. »

L'enfant partit comme un trait. Il aurait fallu que l'archer eût une main bien ferme sur la détente pour lancer sa flèche moitié seulement aussi vite.

« Je l'enverrai chez Bob Cratchit, murmura Scrooge se frottant les mains et éclatant de rire. Il ne saura pas d'où cela lui vient. Elle est deux fois grosse comme Tiny Tim. Je suis sûr que Bob goûtera la plaisanterie ; jamais Joe Miller n'en a fait une pareille. »

Il écrivit l'adresse d'une main qui n'était pas très ferme, mais il l'écrivit pourtant, tant bien que mal, et descendit ouvrir la porte de la rue pour recevoir le commis du marchand de volailles. Comme il restait là debout à l'attendre, le marteau frappa ses regards.

« Je l'aimerai toute ma vie ! s'écria-il en le caressant de la main. Et moi, qui, jusqu'à présent, ne le regardais jamais, je crois. Quelle honnête expression dans sa figure ! Ah ! le bon, l'excellent marteau ! Mais voici la dinde ! Holà ! hé ! Houp, houp ! comment vous va ? Un joyeux Noël !

C'était une dinde, celle-là ! Non, il n'est pas possible qu'il se soit jamais tenu sur ses jambes, ce volatile ; il les aurait brisées en moins d'une minute, comme des bâtons de cire à cacheter. « Mais j'y pense, vous ne pourrez pas porter cela jusqu'à Camden Town, mon ami, dit Scrooge ; il faut prendre un cab. »

Le rire avec lequel il dit cela, le rire avec lequel il paya la dinde, le rire avec lequel il paya le cab, et le rire avec lequel il récompensa le petit garçon ne fut surpassé que par le fou rire avec lequel il se rassit dans son fauteuil, essoufflé, hors d'haleine, et il continua de rire jusqu'aux larmes. »

Cantique de Noël, in *Contes de Noël*,
traduit de l'anglais sous la direction de P. Lorain
par Mlle de Saint-Romain et M. de Goy
1890

GUILLAUME APOLLINAIRE

Roi des forêts

Paru en 1913, le premier recueil de poèmes de Guillaume Apollinaire (1880-1918) fit la gloire de son auteur, influençant toute la sphère poétique française de la première moitié du XXe siècle.

Les sapins en bonnets pointus
De longues robes revêtus
    Comme des astrologues
Saluent leurs frères abattus
Les bateaux qui sur le Rhin voguent

Dans les sept arts endoctrinés
Par les vieux sapins leurs aînés
    Qui sont de grands poètes
Ils se savent prédestinés
A briller plus que des planètes

A briller doucement changés
En étoiles et enneigés
    Aux Noëls bienheureuses
Fêtes des sapins ensongés
Aux longues branches langoureuses

Les sapins beaux musiciens
Chantent des noëls anciens

Roi des forêts

    Au vent des soirs d'automne
Ou bien graves magiciens
Incantent le ciel quand il tonne

Des rangées de blancs chérubins
Remplacent l'hiver les sapins
    Et balancent leurs ailes
L'été ce sont de grands rabbins
Ou bien de vieilles demoiselles

Sapins médecins divagants
Ils vont offrant leurs bons onguents
    Quand la montagne accouche
De temps en temps sous l'ouragan
Un vieux sapin geint et se couche

Les sapins, in *Alcools*
1898-1913

HANS CHRISTIAN ANDERSEN

Le bal du débutant

Plus que ses comédies, ses vaudevilles, ses recueils de poésie, ses récits de voyages et ses romans plus ou moins autobiographiques, ce sont ses contes empreints de sensibilité mélancolique qui hissèrent l'écrivain danois Hans Christian Andersen (1805-1875), dès 1835, à la postérité.

A l'approche de Noël, les bûcherons le distinguèrent aussitôt et le coupèrent. La hache lui trancha la moelle ; il tomba sur le sol avec un soupir. Il aurait dû être au comble de ses vœux, mais il paraît que les sapins eux-mêmes sont inconséquents et ne savent pas toujours ce qu'ils veulent. Voilà qu'il se mit à regretter de quitter le lieu de sa naissance où il avait prospéré, à se plaindre d'être séparé de ses chers compagnons les fougères, les genêts, les fleurettes, les arbustes ; il ne les verrait plus, et peut-être non plus les petits oiseaux ses amis. Le départ fut très douloureux.

Il ne revint bien à lui que lorsque, arrivé dans une grande cour, on le retira de la voiture avec les autres sapins. Il entendit un homme dire en le désignant aux bûcherons :

« Celui-ci est superbe, c'est mon affaire. »

Deux laquais galonnés le saisirent et le transportèrent dans un beau salon. Tout autour, des tableaux pendaient

Le bal du débutant

aux murailles. Sur le poêle en porcelaine se trouvaient deux vases magnifiques. Les meubles étaient fastueux : les sofas, les fauteuils tout de velours et de soie. Sur une table sculptée, des albums, des livres reliés. Des jouets pour plus de cent écus étaient épars en attendant l'arbre de Noël.

Le sapin fut mis dans un grand tonneau rempli de sable, dissimulé par une tenture verte. Le petit arbre était ému comme un débutant avant d'entrer en scène. Qu'allait-il se passer ? Quel rôle allait-il remplir ? Tout le monde s'empressa autour de lui. Des jeunes filles se mirent à le parer. Elles suspendirent à ses branches des cornets de papier couleur remplis de bonbons. Elles y attachèrent des noix ou des pommes dorées, si industrieusement qu'on eût dit les fruits naturels de l'arbre, puis des centaines de petites bougies, rouges, bleues, blanches. Elles y accrochèrent des poupées qui ressemblaient, à s'y méprendre, à de petits enfants. Et tout en haut, sur la dernière branche, elles posèrent une couronne en clinquant. Dieu ! comme elle brillait !

« Que sera-ce donc ce soir ? » disaient les jeunes filles admirant leur ouvrage.

« Oh ! qu'il me tarde d'être à ce soir ! soupirait à son tour le sapin. Comme ma belle et sombre verdure va reluire à la lumière des bougies ! Si mes frères les petits sapins du bois pouvaient me voir, combien ils m'envieraient ! Et les moineaux, seront-ils sur le balcon de la fenêtre pour me contempler dans ma splendeur ? Et ensuite vais-je prendre racine ici et rester paré ainsi, hiver et été ? »

A force de se tourmenter l'esprit sur tout cela, il se sentit les aiguilles agacées, ce qui, chez les sapins, correspond au mal de tête chez les hommes. Enfin arrive cette bienheureuse soirée. On allume les bougies. Quel éclat! Le petit arbre tressaille de joie et d'orgueil. Ce mouvement mit même une bougie en contact trop direct avec une de ses branches, et une odeur de brûlé se répandit. Mais les jeunes filles se précipitèrent et remédièrent au mal.

Le petit arbre, effrayé, n'osait plus s'abandonner à ses transports, craignant de mettre le feu à sa riche parure. Il restait raide et gourmé sous les ornements magnifiques dont il était chargé.

Les deux battants de la porte s'ouvrent : une troupe d'enfants se précipitent vers l'arbre comme pour le renverser. Ils s'arrêtent à sa vue, muets de saisissement, ravis d'admiration. Mais un moment après, ils s'écrient, chantant, sautant, dansant autour de l'arbre, et, à un signal donné par les parents, ils se mettent à enlever poupées, pains d'épice, jouets.

« Qu'est-ce que cela veut dire ? » pense le sapin désagréablement surpris. Les bougies continuèrent à brûler jusqu'au bout. Quand la flamme allait atteindre les branches, on les éteignait. Lorsque toutes furent éteintes, les enfants reçurent la permission de mettre au pillage l'arbre de Noël. Avec quelle hâte ils se jetèrent sur le pauvre sapin, arrachant, secouant les branches ! S'il n'avait pas été solidement fixé dans le sable, ils l'auraient renversé.

Puis les enfants se dispersèrent par groupes, se montrant les uns aux autres leurs conquêtes. Personne ne faisait plus attention à l'arbre, hormis la petite bonne d'enfants, qui s'approcha et examina les branches, cueillant deux ou trois bonbons et une pomme qui avaient été oubliés. […]

Le bal du débutant

Au matin, laquais et servantes entrèrent. « Ah ! se dit le sapin, on vient me parer de nouveau. » Mais pas du tout. Voilà que les domestiques empoignent le tonneau où il était fiché, le portent au grenier dans un coin sombre et noir, le laissent là et s'en vont.

Le sapin,
traduit du danois par MM. Grégoire et Moland
1874

THOMAS MANN

Trop de bonheur

Chronique de famille, drame de la dégénérescence d'une dynastie bourgeoise de Lübeck embrassant quatre générations, Les Buddenbrook *est un roman de la décroissance et du déclin. En l'étudiant de l'intérieur avec une profusion de détails, brassant le climat social et intellectuel de plus d'un demi-siècle, Thomas Mann (1875-1955) illustre à la fois la déchéance d'une caste et l'agonie d'une époque.*

Noël!... Par les joints de la porte aux deux vantaux laqués de blanc toujours hermétiquement close, le parfum du sapin se frayait un passage, éveillant par ses doux arômes l'image des merveilles préparées là-bas, dans la salle et que, chaque année, on se reprenait à attendre, les artères battantes, comme une splendeur inimaginable et supra-terrestre... Qu'allait-il y avoir pour lui ? Ce qu'il avait demandé, naturellement, n'était-ce pas chose entendue ? A supposer toutefois qu'on ne vous en eût point démontré d'avance l'impossibilité. Le théâtre, tout de suite, lui sauterait aux yeux et lui marquerait immanquablement sa place, ce théâtre de marionnettes désiré avec tant d'ardeur, qui, souligné avec soin, ouvrait la liste des vœux adressés à grand-mère et qui, depuis *Fidelio*, avait été à peu près l'unique objet de ses pensées. [...]

Trop de bonheur

Puis Mme Buddenbrook mère se leva et, prenant par la main son petit-fils Johann et sa petite-fille Elisabeth, traversa la salle ; les plus âgés de la compagnie se joignirent à elle, les plus jeunes suivirent ; dans la galerie, les domestiques et les pauvres fermèrent le cortège. Alors, tandis que tous, d'une seule voix, entonnaient : « O Tannenbaum » et qu'en tête l'oncle Christian, pour faire rire les enfants, disloquait ses jambes comme un pantin et chantait stupidement : « O Tantebaum », l'on franchit la haute porte ouverte à deux battants, les yeux éblouis, le visage souriant, et l'on se trouva soudain transporté en plein paradis.

La salle tout entière, qu'emplissait l'arôme des branches de sapin surchauffées, rayonnait et scintillait d'innombrables petites flammes, et le bleu céleste des tapisseries aux blanches divinités rendait plus claire encore la vaste pièce. Les lumières minuscules des bougies dont s'embrasait, au fond, entre les deux fenêtres tendues de rouge, l'arbre gigantesque, étincelaient dans un ruissellement de clarté comme de lointaines étoiles. Décoré de paillettes argentées et de grands lis blancs, un ange resplendissant à sa pointe, et, une crèche de cire à ses pieds, il montait presque jusqu'au plafond. Et sur la nappe blanche de la table qui, chargée de cadeaux, s'étendait, longue et large, des fenêtres à la porte, s'alignait une file d'arbres plus petits, garnis de friandises, rayonnant eux aussi de cires allumées. Et les girandoles à gaz se détachant des murs, et les cierges des candélabres dorés dans les quatre angles brûlaient également. Des objets volumineux, des cadeaux qui n'avaient pu trouver place sur la table, étaient rangés les uns à côté des autres sur le parquet. Des tables de moindre dimension, tendues de blanc elles aussi, supportant des présents et de petits sapins illuminés, se dressaient de part et d'autre des deux portes, pour les domestiques et les pauvres.

En continuant toujours de chanter, ébloui, ne se retrouvant plus dans la vieille salle familière et pourtant méconnaissable, le cortège en fit le tour, défila devant la crèche où un enfant Jésus de cire paraissait faire le signe de la croix ; et, après avoir jeté un regard sur chaque objet, tous s'arrêtèrent silencieux à leur place.

Hanno était complètement transporté. Dès l'entrée, ses yeux, fiévreusement investigateurs, avaient découvert le théâtre... un théâtre magnifiquement dressé tout en haut de la table, et d'une hauteur, d'une largeur telles qu'il n'eût jamais osé se les représenter. Mais la place de ses cadeaux n'était plus la même, elle se trouvait à l'opposé de celle qu'ils occupaient l'année auparavant, et, dans sa stupéfaction, Hanno douta sincèrement que ce théâtre fabuleux lui fût destiné. Ajoutez à cela la présence, au pied de la scène, sur le sol, d'un objet de grandes dimensions, inconnu, qu'il n'avait pas mentionné sur la liste de ses vœux, un meuble, une sorte de commode... Était-ce pour lui ? [...]

C'était un harmonium, un joli petit harmonium de bois brun poli, avec des poignées de métal aux deux côtés, des soufflets polychromes et un mignon tabouret tournant. Hanno plaqua un accord... Une douce voix, pareille à celle de l'orgue, s'exhala, détournant des cadeaux tous les regards... Hanno embrassa sa grand-mère qui le serra tendrement contre elle, puis le quitta pour recevoir les remerciements des autres invités.

Il revint à son théâtre. L'harmonium était un rêve étourdissant mais, pour l'instant, il n'avait pas le loisir de s'en occuper davantage. Il éprouvait ce trop-plein de bonheur où, négligeant le détail, l'on se borne à effleurer toute chose d'un regard fugitif, pour apprendre d'abord à embrasser l'ensemble... Oh! il y avait jusqu'à la boîte du souffleur, une boîte de souffleur en forme de coquille derrière laquelle, large, majestueux, rouge et or, montait le rideau. Sur la scène étaient disposés les décors du dernier acte de *Fidelio*. Les pauvres prisonniers joignaient les mains. Don Pizarre, avec des manches démesurément bouffantes, conservait une attitude terrible, tandis que, du fond, s'avançait à pas précipités et de velours noir vêtu, le ministre qui va tout arranger. C'était vraiment comme au théâtre, peut-être plus beau encore; Hanno entendait toujours retentir à ses oreilles le chœur d'allégresse du finale, et il s'assit à l'harmonium pour faire entendre un court fragment qu'il avait retenu. Mais il se releva, prit un livre, le livre de mythologie grecque si impatiemment attendu, de rouge relié, et qui portait sur sa couverture une Pallas Athéné d'or. Il goûta aux bonbons, au massepain, au pain d'épice de son assiette, passa en revue les choses de moindre importance, trousse d'écolier, cahiers, et, un moment, oublia tout le reste pour un porte-plume pourvu d'un minuscule grain de verre qu'il suffisait de tenir devant son œil pour voir se dérouler, comme par enchantement, un vaste paysage suisse...

Les Buddenbrook,
traduit de l'allemand par Geneviève Bianquis
© Librairie Arthème Fayard, 1932,
pour la traduction française

ERNST THEODOR AMADEUS HOFFMANN

Enfants gâtés, enfants blasés

Fable fantastique de l'écrivain allemand Ernst Theodor Amadeus Hoffmann (1766-1822) Le Casse-noisette et le roi des rats (initialement publié en 1816) fusionne avec brio réalité et rêve, enchevêtrant peinture du milieu bourgeois et monde de l'imaginaire. En 1892, le compositeur russe Piotr Ilitch Tchaïkovski (1840-1893) en reprit le thème pour son ballet Casse-noisette.

Ils restèrent longtemps ébahis; ce n'est qu'après une longue pause que Marie s'écria : – Oh! que c'est beau! oh! que c'est beau! – Frédéric fit force gambades qui lui réussissaient merveilleusement. Il fallait que les enfants eussent été bien sages pendant toute cette année, car jamais on ne leur avait donné tant de belles choses à la fois. Un grand pin fleuri portait une quantité de pommes dorées et argentées, des bonbons, des amandes de toutes les couleurs, et sur les branches étincelaient de petites bougies par centaines, qui brillaient comme des étoiles. Autour de l'arbre tout était neuf et resplendissant. – Quelles belles choses il y avait là, et comment les dépeindre! Marie vit les plus jolies poupées qu'on puisse imaginer, de superbes petits ménages et quelque chose de bien plus précieux encore, une robe de soie attachée avec des rubans de différentes couleurs, de telle manière

Enfants gâtés, enfants blasés

qu'on pouvait la regarder de tous les côtés, ce que fit la petite Marie en s'écriant dix fois : – Oh ! la belle, oh ! la charmante petite robe ! – Frédéric avait trouvé en effet un beau cheval alezan ; il l'avait déjà essayé en galopant trois ou quatre fois autour de la table. En descendant de cheval il dit : – C'est une bête mal morigénée, mais cela ne me fait rien du tout, j'en viendrai bien à bout. – Ensuite il passa en revue le nouvel escadron de hussards ; ils étaient magnifiquement habillés en uniforme écarlate et or, leurs armes étaient en argent, et leurs chevaux d'une telle blancheur qu'on eût dit qu'ils étaient en argent aussi.

Les enfants, devenus enfin un peu plus calmes, voulurent feuilleter les beaux livres pleins d'estampes qui étaient devant eux tout ouverts, afin qu'on pût voir du premier coup d'œil les belles fleurs, les hommes, les oiseaux qui y étaient. Les enfants, dis-je, se mettaient justement à regarder ces merveilleux livres, lorsqu'on sonna une seconde fois ; ils savaient bien que c'était le tour du parrain et coururent à l'autre table. On ôta alors le paravent qui l'avait cachée si longtemps. Qu'aperçurent-ils alors ? Sur un gazon parsemé de fleurs, un superbe château avec des vitraux et des tourelles d'or ! Un carillon se fit entendre, les portes et les croisées s'ouvrirent, et l'on vit des messieurs et des dames tout petits, mais extrêmement lestes et galants, se promener dans les salons. Ils avaient tous des robes traînantes et des panaches sur la tête. Le salon du milieu paraissait être tout en feu tant il y brillait de candélabres d'argent ; des enfants en fracs et en robes courtes dansaient au son du carillon. Un monsieur, en manteau vert-émeraude, regarda souvent par la fenêtre, fit des

37

Mon beau sapin

signes et disparut. On vit aussi le parrain Drosselmeier lui-même, mais il n'était guère plus grand que le pouce ; il se mit quelquefois sous la grande porte du château et puis rentra. Frédéric, les coudes appuyés sur la table, avait contemplé attentivement le château et les petites figures dansantes, enfin il s'écria : – Parrain Drosselmeier, laisse-moi entrer dans ton château ! – Le conseiller lui fit observer que cela ne se pouvait pas. Il avait raison, car il était bien sot à Frédéric de vouloir entrer dans un château qui, avec toutes ses tourelles d'or, n'était pas aussi haut que lui-même.

Frédéric le comprit aussi. Un moment après, comme la promenade et la danse se faisaient toujours exactement de la même manière, que l'homme au manteau vert-émeraude regardait toujours par la même fenêtre, et que le parrain Drosselmeier se mettait toujours sous la porte de la même façon, Frédéric s'écria impatienté : – Parrain Drosselmeier, sors donc une fois par l'autre porte !

– Cela ne se peut pas, mon cher Frédéric, répliqua le conseiller de justice.

– Alors, ajouta Frédéric, dis à l'homme vert qui regarde si souvent par la fenêtre de se promener avec les autres.

– Cela ne se peut pas non plus, dit de nouveau le conseiller de justice.

– Alors il faut que les enfants descendent, s'écria Frédéric ; je veux les voir de plus près.

– Eh ! tout cela ne se peut pas, dit le conseiller de justice impatienté. Quand la mécanique est une fois arrangée, il faut qu'elle reste.

– Ah ! c'est ainsi, dit Frédéric. Écoute, parrain Drosselmeier, si les petits bonshommes dans le château

Enfants gâtés, enfants blasés

ne savent faire que les mêmes mouvements, ils ne valent pas grand'chose, et je ne m'en soucie guère. Mes hussards, c'est bien autre chose ! ils manœuvrent comme je le veux, en avant, en arrière ; ils ne sont pas enfermés dans une maison. – En disant cela, il courut à l'autre table faire galoper son escadron dans tous les sens, les faisant tourner, frapper, tirer et exécuter mille manœuvres. Marie aussi s'était en allée tout doucement, car elle s'ennuyait aussi de la promenade et de la danse éternelles ; mais comme elle était très bonne et très douce, elle ne voulait pas laisser voir son ennui au parrain.

Le conseiller dit alors à M. et à madame Stahlbaum d'un ton de mécontentement : – Un ouvrage aussi ingénieux n'est pas fait pour ces petits sots ; je n'ai qu'à remporter mon château. – Mais madame Stahlbaum le pria de lui en faire voir la structure intérieure et le rouage qui mettait les poupées en mouvement.

Le casse-noisette, in Contes et fantaisies
de E. T. A. Hoffmann, tome XVIII,
traduit de l'allemand par M. Loeve-Veimars
1832

SELMA LAGERLÖF

Y aura-t-il un livre à Noël?

Romancière et nouvelliste suédoise native de Mårbacka, dotée d'une imagination lyrique, Selma Lagerlöf (1858-1940), prix Nobel en 1909, fut fortement influencée par les légendes du Värmland. L'épopée romantique La Saga de Gösta Berling *(1890-1891), le très populaire* Merveilleux voyage de Nils Holgersson *(1906-1907) et l'autobiographie* Mårbacka *(1922) comptent parmi ses ouvrages les plus emblématiques.*

Nous sommes assis autour de la grande table à rallonges, un soir de réveillon à Mårbacka. Papa à l'une des extrémités, maman à l'autre.

Oncle Wachenfeldt est là aussi – à la place d'honneur à côté de papa – et tante Lovisa, et Daniel, Anna, Gerda et moi. Comme toujours, Gerda et moi sommes assises de part et d'autre de maman, parce que nous sommes les plus jeunes. L'image reste très claire dans mon esprit.

Nous avons déjà mangé la morue « à la lessive », le riz au lait et les millefeuilles. Assiettes, cuillers, couteaux et fourchettes ont été débarrassés mais la nappe est restée. Les deux bougies à plusieurs branches fabriquées maison brûlent dans leurs candélabres au milieu de la table, entourées de la salière, du sucrier, de l'huilier et d'un gros cruchon en argent, rempli à ras bord de bière de Noël.

40

Y aura-t-il un livre à Noël ?

Le repas étant terminé, nous devrions quitter la table, mais ce n'est pas le cas. Nous restons assis dans l'attente de la distribution des cadeaux de Noël.

Nulle part ailleurs dans la région de Mårbacka on distribue ainsi les cadeaux de Noël après avoir mangé le riz au lait traditionnel. Mais à Mårbacka subsistent d'anciennes coutumes et qui nous conviennent. Rien ne peut égaler cette attente qui, des heures durant, tout au long de la veille de Noël, se prolonge parce que l'on sait que le meilleur reste à venir. Le temps s'écoule lentement, très lentement, mais nous sommes convaincus que les autres enfants, qui ont reçu leurs cadeaux vers sept ou huit heures, n'ont pas éprouvé cette jouissance qui est la nôtre en ce moment, en cet instant tant attendu et qui enfin arrive.

Les yeux brillent, les joues s'enflamment, les mains tremblent lorsque la porte s'ouvre pour laisser entrer les deux domestiques déguisés en boucs de Noël et qui traînent deux grosses hottes pleines de paquets jusqu'à la place de maman.

Puis maman en extrait un paquet l'un après l'autre, sans se presser outre mesure. Elle lit le nom du destinataire, parcourt avec difficulté les vers rimés gribouillés qui accompagnent les cadeaux, puis enfin les tend.

Pratiquement muets durant les premiers instants, tandis que nous brisons les sceaux et déplions les papiers, nous poussons bientôt, l'un après l'autre, un cri de joie. Puis nous parlons, rions, examinons l'écriture sur nos paquets, comparons nos cadeaux et laissons la joie nous envahir.

Le réveillon auquel je pense en ce moment, je venais d'avoir dix ans et je suis assise à la table de Noël aussi

Mon beau sapin

impatiente et tendue qu'on peut l'être. Je sais si bien ce que j'aimerais recevoir. Il ne s'agit ni de beaux tissus pour confectionner des robes, ni de dentelles ou de broches, ni de patins à glace ou sachets de friandises; non, il s'agit de tout autre chose. Pourvu que quelqu'un ait l'idée de me l'offrir!

Le premier cadeau que je sors de son emballage est une boîte à ouvrage, et je comprends immédiatement qu'il est de maman. La boîte contient de nombreuses petites cases à l'intérieur desquelles elle a rangé des paquets d'aiguilles, de la laine à repriser, un écheveau de soie noire, de la cire et du fil. Maman tient sans doute ainsi à me rappeler que je devrais essayer de faire des progrès en couture et pas seulement songer à la lecture.

Anna m'offre une petite pelote à épingles très joliment galonnée et qui s'adapte à une des cases de la boîte à ouvrage. Tante Lovisa me fait cadeau d'un dé à coudre en argent, et Gerda a brodé un petit modèle d'initiales qui me permettra dorénavant de marquer moi-même mes bas et mes mouchoirs. Aline et Emma Laurell sont rentrées chez elles, à Karlstad, mais elles ont pensé à moi et à nous tous. De la part d'Aline, on me tend de petits ciseaux de brodeuse, rangés dans un étui qu'Aline a confectionné elle-même, à partir d'une pince de homard et d'un coupon de soie. Emma m'offre un petit hérisson de laine rouge, bardé d'épingles en place de ses piquants.

Toutes ces petites choses que je viens de recevoir sont avant tout pratiques, mais je commence à m'inquiéter. J'ai là tout ce qu'il faut pour la couture. Mais si jamais je ne recevais pas ce que j'espère?

Car il me faut expliquer comment les choses se passent à Mårbacka le soir du réveillon. On a le droit de tirer

Y aura-t-il un livre à Noël ?

une petite table au chevet de son lit et d'y poser une bougie, et puis l'on a le droit de lire aussi longtemps qu'on le désire. Et cela constitue le plus grand des plaisirs de Noël. Rien ne peut surpasser le bonheur de se trouver là, avec dans les mains un livre plaisant reçu en cadeau de Noël, un livre que l'on n'avait jamais vu auparavant et que personne d'autre dans cette maison ne connaît non plus, et de savoir que l'on pourra en lire les pages l'une après l'autre, pour autant que l'on sache rester éveillé. Mais que faire durant la nuit de Noël si l'on n'a pas reçu de livre ?

C'est à cela que je pense tandis que, un élément après l'autre, je découvre mon nécessaire de couture. Mes oreilles commencent à s'échauffer, assurément il s'agit là d'une véritable coalition. Et si jamais je ne recevais pas de livre de Noël ?

Le Livre de Noël,
traduit du suédois par Marc de Gouvenain
et Lena Grumbach
© Actes Sud, 1994

VICTOR HUGO

À pas de loup

Poète, dramaturge, romancier, essayiste, pamphlétaire et artiste au génie démesuré, Victor Hugo (1802-1885) ressuscita dans Les Misérables *la France de la Restauration, de la révolution de 1830 et de la monarchie de Juillet.*

Il allait se retirer quand son regard rencontra la cheminée ; une de ces vastes cheminées d'auberge où il y a toujours un si petit feu, quand il y a du feu, et qui sont si froides à voir. Dans celle-là il n'y avait pas de feu, il n'y avait pas même de cendre ; ce qui y était attira pourtant l'attention du voyageur. C'étaient deux petits souliers d'enfant de forme coquette et de grandeur inégale ; le voyageur se rappela la gracieuse et immémoriale coutume des enfants qui déposent leur chaussure dans la cheminée le jour de Noël pour y attendre dans les ténèbres quelque étincelant cadeau de leur bonne fée. Eponine et Azelma n'avaient eu garde d'y manquer, et elles avaient mis chacune un de leurs souliers dans la cheminée.

Le voyageur se pencha.

La fée, c'est-à-dire la mère, avait déjà fait sa visite, et l'on voyait reluire dans chaque soulier une belle pièce de dix sous toute neuve.

L'homme se relevait et allait s'en aller lorsqu'il aperçut

au fond, à l'écart, dans le coin le plus obscur de l'âtre, un autre objet. Il regarda, et reconnut un sabot, un affreux sabot du bois le plus grossier, à demi brisé et tout couvert de cendre et de boue desséchée. C'était le sabot de Cosette. Cosette, avec cette touchante confiance des enfants qui peut être trompée toujours sans se décourager jamais, avait mis, elle aussi, son sabot dans la cheminée.

C'est une chose sublime et douce que l'espérance dans un enfant qui n'a jamais connu que le désespoir.

Il n'y avait rien dans ce sabot.

L'étranger fouilla dans son gilet, se courba et mit dans le sabot de Cosette un louis d'or.

Puis il regagna sa chambre à pas de loup.

Les Misérables, in *Roman VIII*,
Œuvres complètes de Victor Hugo.
Édition définitive d'après les manuscrits originaux
dite ne varietur
1881

THEODOR KRÖGER

Loin de la patrie

Né à Saint-Pétersbourg et de nationalité allemande, Theodor Kröger (1890-1958) fut condamné à mort, puis déporté dans un bagne sibérien pour avoir tenté de traverser clandestinement la frontière septentrionale de la Russie. Initialement publié en 1950, nourri de ses souvenirs, Le Village oublié décrit « cette attente de quatre années au fond de la Sibérie, en même temps que le sort des prisonniers ».

Noël approchait ; autour de moi on chuchotait en cachette. Faymé avait des secrets inattendus ; ses frères, Ivan Ivanovitch et sa femme, mes camarades, tous semblaient ligués contre moi. De mystérieux paquets de toutes dimensions faisaient leur apparition dans mon appartement. Défaits je ne sais où, puis reficelés, ils disparaissaient non moins rapidement. On me défendit d'entrer tantôt dans une chambre tantôt dans une autre. Je ne voyais partout que des visages espiègles, des yeux malicieux, mais au fond je devinais de la joie dans tous les cœurs.

Moi aussi j'avais mes secrets et des paquets à cacher. Les iamtchiki qui assuraient la liaison entre la station de chemin de fer et Nikitino furent gratifiés de maints pourboires propres à les convaincre de braver le danger, la fatigue et le froid. Avec une curiosité anxieuse nous

Loin de la patrie

cherchions des yeux dans le bureau de poste les paquets qui nous étaient destinés. À peine avait-il découvert les siens, chacun de nous s'efforçait de les mettre à l'écart le plus rapidement possible, pour ne pas laisser soupçonner aux autres ce qu'ils pouvaient bien contenir.

La fête arriva enfin.

Les chuchotements mystérieux, les attitudes hésitantes, les coups d'œil complices qui en disaient long cessèrent tout à coup. Une atmosphère comme il n'en avait guère régné depuis longtemps faisait battre le cœur plus vite, plus joyeusement ; une fiévreuse attente régnait comme autrefois, alors que nous croyions encore aux beaux contes de Noël. [...]

Je me rends au « foyer » auprès de mes camarades prisonniers et frappe à la porte. Je heurte fortement plusieurs fois, et finalement j'entends une voix énergique :

– On n'entre pas, il est trop tard, on prépare Noël.

– C'est Kröger ! dis-je.

Déjà la porte s'est ouverte.

– Je vous prie de m'excuser, monsieur Kröger, nous sommes justement en train de rassembler pour nos camarades les surprises de Noël, me dit le Viennois resplendissant de joie, comme s'il incarnait la fête en sa personne.

Un sapin de vastes proportions, garni de neige artificielle et de nombreuses bougies, se dresse au milieu de la salle. Tout autour, on a disposé des tables recouvertes de papier blanc et parées d'aiguilles de sapin. Des branchages ornent les murs ; dans tous les coins les hommes s'empressent. Je les observe à leur insu : ils n'arrivent pas à disposer aussi vite et aussi bien qu'ils le

Mon beau sapin

désireraient les présents qu'ils se destinent mutuellement et qu'on apporte sans cesse de la cuisine.

Le plus ancien du camp vient à moi : je remarque sa chevelure et sa moustache pommadées et taillées aujourd'hui avec un soin tout particulier, sa tunique impeccable.

– Eh bien, tout est-il prêt ? demandé-je.

– À vos ordres, répond-il.

En ce jour, il communie dans la joie avec tous ses camarades.

– Je reste confondu, poursuit-il, de la générosité spontanée de la population. Vous ne pourriez croire tout ce que ces braves gens nous ont donné. Nous avons encore une masse de choses à distribuer. Ce sont surtout les Hongrois, ces diables noirs, qui en bénéficient et, naturellement, avant tous, Dajos, toujours gâté par les femmes.

Puis il m'interroge avec quelque hésitation :

– Pensez-vous, dit-il en me saisissant tout à coup par la manche, que ce soit notre dernière fête de Noël loin de la patrie ?... Les journaux impriment cependant... Il y aurait des pourparlers de paix... ou bien... ?

– Qui sait ?... Peut-être... mon cher feldwebel, ce serait bien beau... oui, une fameuse surprise...

Cependant les préparatifs continuent dans une animation de fourmilière ; sur les tables s'entassent les cadeaux, et au pied du grand sapin ont été groupés les arrivages postaux, paquets et cartes venus du pays natal.

Un coup d'œil sur la cuisine. Sur le fourneau fument d'énormes marmites où cuisent les pommes de terre ; mais impossible de rien voir d'autre. Sur les tables, un amoncellement de vaisselle.

Loin de la patrie

– Et le rôti ? demandé-je étonné.
– Tout est déjà logé dans les chauffe-plats portatifs, me dit le chef cuisinier, rusé Berlinois, en me désignant d'énormes caisses entassées.

Mais voici que résonne le carillon familier des cloches.
– Attention ! Rassemblement ! appelle la voix claironnante du feldwebel.
– Cela va faire un beau tumulte, messieurs ! s'écrie en riant le chef de cuisine.

Quelques minutes plus tard, un bruit de pas et un commandement. Les bougies de l'arbre de Noël s'allument ; tout est prêt. La porte s'ouvre, les hommes entrent. Suivant un programme bien ordonné, chacun se rend aussitôt à table sans que se produise le moindre désordre.

Silencieux, ils se tiennent debout devant leur place ; leurs yeux brillent d'une joie enfantine contenue ; ils regardent d'un air rêveur l'arbre qui étincelle de mille feux ; ils atteignent leurs cadeaux avec des mains hésitantes et parfois aussi portent furtivement à leurs yeux la manche propre, mais déjà bien fripée, de leur tunique.

« Ô toi, joyeux temps de Noël, temps béni qui apporte la grâce ! »

D'abord sourd et hésitant, puis sonore, puissant, le chant monte des gorges rudes. Lorsqu'il s'éteint, un autre remplit la salle ; puis le silence règne de nouveau autour de l'arbre, dans la splendeur des lumières de fête.

Et de nouveaux chants jaillissent encore de la poitrine de ces hommes qui, perdus tous ensemble dans un désert, ne font plus qu'un en ce moment, incarnant la patrie lointaine en danger qui lutte dans l'isolement.

Mon beau sapin

Ces hommes, des soldats, chantent; mais parfois dans le chœur l'une ou l'autre des voix se tait; celui qui vient de s'arrêter regarde vers le sol, perdu dans ses pensées et… pleure.

Luttant, moi aussi, contre la faiblesse de mes nerfs ébranlés, je tourne, d'un mouvement brutal, le loquet de la porte de sortie; me voici dehors.

Un froid terrible me coupe la respiration. Les cloches de toutes les églises sonnent; leurs carillons se fondent dans une solennelle harmonie. J'imagine que les fraîches sonorités de ces voix saintes traversent les régions glacées que peuplent les lointaines étoiles, et montent jusqu'au trône du dieu tout-puissant qui nous guide dans notre vie douloureuse par des sentiers solitaires, inconnaissables.

Le Village oublié,
traduit de l'allemand par A. de Gouyon et E. François
© 1997, Éditions Phébus, Paris,
pour la traduction française

HENRY MURGER

Un réveillon de quarante sous

« La bohème, c'est le stage de la vie artistique. C'est la préface de l'Académie, de l'Hôtel-Dieu ou de la morgue. » Pour en avoir fait l'apprentissage, Henry Murger imprima à son roman Scènes de la vie de bohème *un réalisme et une authenticité qui marquèrent ses contemporains – au point d'en inspirer certains compositeurs, à l'instar de Giacomo Puccini.*

C'était le 24 décembre, et ce soir-là le quartier Latin avait une physionomie particulière. Dès quatre heures du soir, les bureaux du Mont-de-Piété, les boutiques des fripiers et celles des bouquinistes avaient été encombrées par une foule bruyante qui s'en vint dans la soirée prendre d'assaut les boutiques des charcutiers, des rôtisseurs et des épiciers. Les garçons de comptoir, eussent-ils eu cent bras comme Briarée, n'auraient pu suffire à servir les chalands qui s'arrachaient les provisions. On faisait la queue chez les boulangers comme aux jours de disette. Les marchands de vins écoulaient le produit de trois vendanges et un statisticien habile aurait eu peine à nombrer le chiffre des jambonneaux et des saucissons qui se débitèrent chez le célèbre Borel de la rue Dauphine. Dans cette seule soirée, le père Crétaine, dit *Petit-Pain*, épuisa dix-huit éditions de ses

Mon beau sapin

gâteaux au beurre. Pendant toute la nuit, des clameurs bruyantes s'échappaient des maisons garnies dont les fenêtres flamboyaient, et une atmosphère de kermesse emplissait le quartier.

On célébrait l'antique solennité du réveillon.

Ce soir-là, sur les dix heures, Marcel et Rodolphe rentraient chez eux assez tristement. En remontant la rue Dauphine, ils aperçurent une grande affluence dans la boutique d'un charcutier marchand de comestibles, et ils s'arrêtèrent un instant aux carreaux, tantalisés par le spectacle des odorantes productions gastronomiques ; les deux bohèmes ressemblaient, dans leur contemplation, à ce personnage d'un roman espagnol, qui faisait maigrir les jambons rien qu'en les regardant.

— Ceci s'appelle une dinde truffée, disait Marcel en indiquant une magnifique volaille laissant voir, à travers son épiderme rosé et transparent, les tubercules périgourdins dont elle était farcie. J'ai vu des gens impies manger de cela sans se mettre à genoux devant, ajouta le peintre en jetant sur la dinde des regards capables de la faire rôtir.

— Et que penses-tu de ce modeste gigot de pré-salé ajouta Rodolphe, comme c'est beau de couleur, on le dirait fraîchement décroché de cette boutique de charcutier qu'on voit dans un tableau de Jordaëns. Ce gigot est le mets favori des dieux, et de madame Chandelier, ma marraine.

— Vois un peu ces poissons, reprit Marcel en montrant des truites, ce sont les plus habiles nageurs de la race aquatique. Ces petites bêtes, qui ont l'air de n'avoir aucune prétention, pourraient pourtant s'amasser des rentes en faisant des tours de force ; figure-toi que ça remonte le courant d'un torrent à pic aussi facilement que nous accepterions une invitation à souper ou deux. J'ai failli en manger.

– Et là-bas, ces gros fruits dorés à cône, dont le feuillage ressemble à une panoplie de sabres sauvages, on appelle ça des ananas, c'est la pomme de reinette des tropiques.

– Ça m'est égal, répondit Marcel, en fait de fruits je préfère ce morceau de bœuf, ce jambon ou ce simple jambonneau cuirassé d'une gelée transparente comme de l'ambre.

– Tu as raison, reprit Rodolphe ; le jambon est l'ami de l'homme, quand il en a. Cependant je ne repousserais pas ce faisan.

– Je le crois bien, c'est le plat des têtes couronnées.

Et comme en continuant leur chemin ils rencontrèrent de joyeuses processions qui rentraient pour fêter Momus, Bacchus, Comus et toutes les gourmandes divinités finissant en *us*, ils se demandèrent l'un à l'autre quel était le seigneur Gamache dont on célébrait les noces avec une si grande profusion de victuailles.

Marcel fut le premier qui se rappela la date et la fête du jour.

– C'est aujourd'hui réveillon, dit-il.

– Te souviens-tu de celui que nous avons fait l'an dernier ? fit Rodolphe.

– Oui, répondit Marcel, chez Momus. C'est Barbemuche qui l'a payé. Je n'aurais jamais supposé qu'une femme aussi délicate que Phémie pût contenir autant de saucisson.

– Quel malheur que Momus nous ait retiré nos entrées, dit Rodolphe.

Mon beau sapin

– Hélas, dit Marcel, les calendriers se suivent et ne se ressemblent pas.

– Est-ce que tu ne ferais pas bien réveillon ? demanda Rodolphe.

– Avec qui et avec quoi ? répliqua le peintre.

– Avec moi, donc.

– Et de l'or ?

– Attends un peu, dit Rodolphe, je vais entrer dans ce café où je connais des gens qui jouent gros jeu. J'emprunterai quelque sesterces à un favorisé de la chance, et je rapporterai de quoi arroser une sardine ou un pied de cochon.

– Va donc, fit Marcel, j'ai une faim *caniche* ! je t'attends là.

Rodolphe monta au café, où il connaissait du monde. Un monsieur, qui venait de gagner trois cents francs en dix tours de bouillotte, se fit un véritable plaisir de prêter au poète une pièce de quarante sous, qu'il lui offrit enveloppée dans cette mauvaise humeur que donne la fièvre du jeu. Dans un autre instant et ailleurs qu'autour du tapis vert, il aurait peut-être prêté quarante francs.

– Eh bien ? demanda Marcel en voyant redescendre Rodolphe.

– Voici la recette, dit le poète en montrant l'argent.

– Une croûte et une goutte, dit Marcel.

Avec cette somme modique, ils trouvèrent cependant le moyen d'avoir du pain, du vin, de la charcuterie, du tabac, de la lumière et du feu.

Ils rentrèrent dans l'hôtel garni où ils habitaient chacun une chambre séparée. Le logement de Marcel, qui lui servait d'atelier, étant le plus grand, fut choisi pour la salle du festin, et les amis y firent en commun les apprêts de leur Balthazar intime.

Mais à cette table où ils s'étaient assis, auprès de ce feu où les bûches humides d'un mauvais bois flotté se consumaient sans flamme et sans chaleur, vint s'asseoir et s'attabler, convive mélancolique, le fantôme du passé disparu.

Scènes de la vie de bohème
1848

ARMISTEAD MAUPIN

Pile ma taille !

Reporter, puis journaliste au bureau de l'Associated Press de San Francisco, Armistead Maupin (né en 1944) croqua l'Amérique dite marginale des années 1970 et 1980 avec une remarquable justesse de ton.

– Où est Mary Ann ? demanda Connie Bradshaw, qui se tenait sous l'arche aux pompons rouges de Mme Madrigal. Je croyais que tu avais dit qu'elle serait là ?

Brian choisit un joint sur une assiette Wedgwood.

– Elle est là. Du moins... je l'ai aperçue, en haut.

– Mince, ça fait des millions d'années lumière qu'on ne s'est plus vues !

– Vous êtes de bonnes amies, toutes les deux ?

– Oh oui, les meilleures amies du monde ! En fait... on s'est un peu perdues de vue et tout ça, mais bon... Tu sais comment ça se passe dans cette ville.

– Ouais.

– Euh... Brian ? Je crois qu'il y a quelqu'un qui veut te parler.

– Ah... Salut, Michael.

– Salut. Dis, t'aurais pas vu notre G.O., par hasard ?

– Qui ça ?

– Mary Ann.

Brian tira une bouffée du joint, puis le passa à Connie.
– On en parlait, justement. Je me demande ce qu'elle fout. Je croyais que c'était elle qui orchestrait cette orgie ?
– C'est bien elle. Je suppose qu'elle se maquille, ou quelque chose comme ça. Hé, ne t'en va pas. J'ai quelque chose pour toi.

Il s'esquiva dans la cuisine et en revint avec un petit paquet enveloppé dans du papier aluminium.

Brian rougit :
– Oh, mec, dit-il. On avait dit pas de cadeaux.
– Je sais, lui renvoya Michael, mais ceci n'est pas vraiment pour Noël. J'ai juste oublié de te l'offrir avant.
– C'est sympa ! lança Connie, radieuse.

Brian jeta un coup d'œil dans sa direction, puis regarda à nouveau Michael. Le sourire de celui-ci était plus malicieux encore que de coutume.

– Michael, ce n'est quand même pas...
– Allez ! s'écria Connie. Je ne peux plus supporter ce suspense !

Brian regarda Michael droit dans les yeux et sourit :
– J'y vais ?
– Ben ouais. Plus vite tu l'ouvriras, plus vite tu pourras l'utiliser.
– Exactement ! renchérit Connie.

Brian déchira le paquet. Il avait déjà deviné quand le lourd anneau métallique jaillit du papier cadeau.

– C'est un beau spécimen, Michael. Très joli.
– Tu es sûr ? Je peux aller l'échanger si tu...
– Non. J'en suis dingue.

Michael garda son sérieux :

Mon beau sapin

– J'espère qu'il est à ta taille.
– Qu'est-ce que c'est ? demanda Connie.
Brian le lui tendit pour qu'elle puisse l'admirer.
– Chouette, hein ?
– C'est *ravissant*. À quoi ça sert ?
Le regard de Brian se détourna sur Michael pendant une fraction de seconde, avant de se poser à nouveau sur Connie.
– C'est... une *décoration*, dit-il, l'air comblé. On la pend au sapin de Noël.
Michael prit un plateau de brownies dans la cuisine.
– Ils sont fourrés avec ce qu'il faut ? s'enquit-il.
Mme Madrigal ne fit qu'esquisser un sourire.
– Je m'en doutais, conclut Michael.

Chroniques de San Francisco, tome 1,
traduit de l'américain par Olivier Weber et Pascal Loubet
© Éditions de l'Olivier, 2006, pour la traduction française

ITE MISSA EST

CLÉMENT MAROT

«Chantons Noël tant au soir qu'au desjuc»

Élégies, épîtres, ballades, chansons, complaintes, rondeaux, épitaphes, épigrammes et psaumes, mais aussi translations (Ovide, Pétrarque, Virgile...) : l'œuvre de Clément Marot (1496-1544) est d'une impressionnante diversité. Boileau vit en lui le poète qui «montra pour rimer des chemins tout nouveaux».

Or est Noël venu son petit trac :
Sus donc aux champs, bergères de respec,
Prenons chacun panetière et bissac,
Flûte, flageol, cornemuse et rebec.
Ores n'est pas temps de clore le bec,
Chantons, sautons, et dansons ric à ric :
Puis allons voir l'Enfant au pauvre nic
Tant exalté d'Elie, aussi d'Enoc,
Et adoré de maint grand roy et duc.
S'on nous dit nac, il faudra dire noc,
Chantons Noël, tant au soir qu'au desjuc.

Colin, Georget, et toi Margot du Clac
Ecoute un peu, et ne dors plus illec,
N'a pas longtemps, sommeillant près d'un lac,
Me fut avis qu'en ce grand chemin sec

Ite missa est

Un jeune enfant se combattait avec
Un grand serpent, et dangereux aspic.
Mais l'enfanteau, en moins de dire pic,
D'une grand'Croix lui donna si grand choc,
Qu'il l'abatit, et lui cassa le suc.
Garde n'avait de dire en ce défroc,
Chantons Noël tant au soir qu'au desjuc.

Quand je l'ouis frapper et tic et tac
Et lui donner si merveilleux échec,
L'ange me dit, d'un joyeux estomac,
« Chante Noël, en français ou en grec,
Et de chagrin ne donne plus un zec,
Car le serpent a été pris de bric. »
Lors m'éveillai, et comme fantastic
Tous mes troupeaux je laissai près d'un roc,
Si m'en allai plus fier qu'un archiduc
En Bethléem : Robin, Gautier, et Roch,
Chantons Noël tant au soir qu'au desjuc.

ENVOI

Prince dévot, souverain catholic,
Sa maison n'est de pierre ni de bric,
Car tous les vents y soufflent à grand floc ;
Et qu'ainsi soit, demandez à saint Luc.
Sus donc avant, pendons souci au croc
Chantons Noël tant au soir qu'au desjuc.

Du jour de Noël, in *L'Adolescence clémentine*
1532

ROLAND DORGELÈS

La grande illusion

Engagé dans l'infanterie pendant la Grande Guerre, Roland Dorgelès (1886-1973) tira de son expérience des tranchées Les Croix de bois, *prix Fémina en 1919, et rendit compte de son transfert dans l'aviation avec* Le cabaret de la belle femme.

– Je l'ai eue, les gars, la v'là, crie-t-il, ivre d'orgueil... Les Boches peuvent se mettre la tringle... A leur barbe, que je l'ai cueillie!

Mais personne n'est émerveillé. On ne regarde même pas son trophée.

– Non, tu cherres, lui dit aigrement Bréval. Trois heures que t'es parti!... Qu'est-ce que t'as foutu?...

– Tout va être froid, réclame Vairon en s'asseyant.

Et Lemoine, haussant les épaules :

– Tout ça pour une boule de gui...

Sulphart nous regarde, interloqué. Cet accueil le stupéfie, lui qui s'attendait à un triomphe.

Rouge de colère, il voudrait répondre à tout le monde à la fois.

– J'ai été long? J'aurais voulu t'y voir... avec deux patrouilles boches sur le râble... Il n'y en a pas un qui en aurait fait autant... Ça m'apprendra à vouloir rendre service... Je suis trop bille, mais vous ne m'aurez plus...

Tous les copains, pour le faire taire, se mettent à le huer et tapent sur leurs gamelles.

– A table! crient-ils, à table!

– On s'en fout de ton gui, lance même Lemoine dans le tohu-bohu.

Le rouquin en reste muet, son bagou coupé net. Mais il ne veut rien laisser paraître et s'enveloppe de dignité. Tandis qu'on distribue le saucisson, il se tient à l'écart, et, ouvrant son couteau, entreprend de racler la boue dont il est cuirassé. On le croirait sorti d'un ruisseau de fange. Ses souliers sont pareils à deux gros blocs d'argile, et, rien qu'en les secouant il en fait tomber des paquets gluants.

– T'aurais pu te décrotter dehors, lui reproche le caporal.

Décidément, ils sont par trop ingrats… La déception du rouquin dépasse toute mesure.

– Vous ne m'aurez plus, répète-t-il écœuré.

Il consent à se mettre à table, mais l'air renfrogné, assis d'une fesse sur un bout de planche. Puis, le cœur trop gros, son amertume explose.

– Ça ne fait rien, grogne-t-il le nez baissé, tout en se taillant une tranche de pain avec son couteau sale, on aurait pu au moins accrocher mon gui au-dessus de la table. C'est vraiment pas la peine que j'aie risqué ma plaque individuelle dans la combine.

Alors, pour lui faire plaisir, on a suspendu le trophée à un rondin. Et, exprimant l'opinion générale, sans un brin de méchanceté, le père Hamel a bougonné :

– Euh!… dans le fond, c'te boule, elle faisait mieux de loin…

La grande illusion

On est heureux... Oui, c'est cela le bonheur. Ne plus penser, ne plus craindre, sentir son esprit vaciller, insoucieux et futile. La guerre? Bah! ça finira...

Les camarades s'amusent, le nez dans leur quart. Qui pense à sa famille? Bréval, peut-être... Qui songe à la mort? Personne... Quel beau souvenir que ce Noël de guerre, pour ceux qui reviendront.

A minuit, nous sommes sortis, pensant naïvement qu'il y aurait quelque chose : une salve, des fusées. Et, tout à coup, dans le silence de cette nuit glacée, sous le sable infini des étoiles, une voix s'est élevée, chantant *Minuit, Chrétiens*.

On écoutait, émerveillés, le cœur battant. C'était comme une extase, notre passé qui glissait d'un coup d'aile, l'émouvant souvenir des hivers d'autrefois... Et à la dernière phrase, « Voici le Rédempteur », une longue acclamation a retenti.

Aussitôt, la même voix a entonné *La Marseillaise* et, de tous les côtés, on a repris en chœur, échos qui jaillissaient du ventre des tranchées, comme si la terre eût chanté. Après l'hymne, un autre air. Cela s'éteignait un instant pour reprendre plus loin; on eût dit un brasier où brûlaient des chansons. Enfin, comme on attaquait les *Montagnards*, un coup de feu, un seul, a claqué et les voix se sont tues. Sur notre gauche, à l'ouest, roulait la canonnade. Nous sommes rentrés.

Cela semble bon, après le froid du dehors, cette chaleur d'étable. Nous nous tenons coude à coude, pelotonnés dans la fumée des cigarettes, comme dans du coton bleu. Peut-être ai-je trop bu de ce vin qui pétille : les choses m'apparaissent à travers une brume irisée. Amusantes, puériles... Voyons, quelle farce jouons-

Ite missa est

nous là ? Belin, qui s'est frileusement enfoncé les jambes jusqu'aux cuisses dans un vieux sac à pommes de terre, paraît équipé pour une course burlesque ; Hamel, avec son bonnet de fourrure, a la mine barbue de Robinson Crusoé ; Broucke, en peau de mouton, semble jouer les petits Saint-Jean, et Lemoine, qui porte l'un sur l'autre un tricot vert, un chandail gris, un passe-montagne à pompons et un capuchon jaune serin, taillé dans la baudruche d'un sac de couchage, a l'air prêt à partir pour le cercle polaire. Des civilisés ne s'affublent pas ainsi...

– Tu as tout du mousquetaire, a dit finement Sulphart à son camarade, qui, pour ne rien laisser perdre, enfilait encore, par-dessus ses chaussures, d'énormes galoches de tranchée, à empeigne de toile et semelle de bois.

Eh bien, c'est le rouquin qui m'a fourni le mot. Maintenant, je nous trouve à tous un air de mardi gras. Quels événements absurdes ont donc pu réunir cette troupe de déguisés dans une hutte de neige ? Les yeux élargis, je regarde distraitement la paroi humide, que les bougies font miroiter. Je n'écrirai pas mon nom sur ta glace, beau cabinet particulier. Je suis très loin... Tout là-bas... Quand on était heureux...

Le cabaret de la belle femme
© Éditions Albin Michel, 1928

LOUIS BARTHAS

Messe en sol miné

Militant socialiste d'un village du Minervois, tonnelier, Louis Barthas (1879-1952) fut mobilisé à l'âge de trente-cinq ans et servit sous les drapeaux du 4 août 1914 au 14 février 1919, prenant quotidiennement des notes sur la réalité du front et des tranchées. Document authentique, ses carnets constituent un témoignage de premier ordre sur la Grande Guerre.

C'était le quatrième Noël sanglant passé loin du foyer, loin du clocher natal au tintement familier des cloches.

La nuit du 24 au 25 décembre, la nuit joyeuse des réveillons d'antan, il se déchaîna une violente tempête de neige chassée en tourbillons par un grand vent glacial.

Dans notre cantonnement, ce fut une triste veillée de Noël comme bien on pense; pour se défendre du froid, on se coucha tous de bonne heure, roulés dans nos couvertures insuffisantes et blottis les uns contre les autres.

Ah! les camarades qui guettaient là-haut aux postes d'écoute, au bord, aux lèvres des gouffres qu'avait creusés l'explosion des mines, que devaient-ils penser en songeant à ceux qui, cette nuit, à Paris où ailleurs couraient les cinémas, les théâtres ou se pressaient bien au chaud autour d'une table bien garnie?

Ite missa est

Quelques poilus intrépides se rendirent tout de même au village des Senades pour assister à la messe de minuit ; au retour, ils faillirent s'égarer et, aveuglés par les tourbillons de neige, ils désespérèrent un moment de pouvoir atteindre la Contrôlerie.

La musique du 248e régiment prêtait son gracieux concours à cette messe ; la guerre avait opéré ce miracle : l'armée de la République séparatiste, anticléricale, libre penseuse, prêtait la musique de ses régiments pour donner plus d'éclat à des cérémonies religieuses jugées ridicules, stupides, contraires à la sainte raison, il n'y avait pas un lustre. En retour, l'Eglise française disait de ferventes prières pour la victoire finale, élevait au martyre le soldat qui tombait, lui promettait le paradis et rendait ainsi cette guerre ignominieuse une chose sacrée, sainte, divine !

Le lendemain, comme par un coup de baguette magique, le vent s'était tout à fait calmé, mais une bonne couche de neige enjolivait le paysage. Au réveil, je fus dûment averti que je devais exercer, en ce jour consacré à fêter la naissance du Sauveur, les ennuyeuses fonctions de caporal de jour.

Les carnets de guerre de Louis Barthas,
tonnelier, 1914-1918
© Éditions La Découverte

BERNARD ALEXANDRE

Pas drôles de paroissiens!

Curé du village de Vattelot-sous-Beaumont, au cœur du pays de Caux, à compter de 1945, Bernard Alexandre a livré un témoignage tout aussi scrupuleux que non dénué d'humour sur la vie sociale de la Haute-Normandie.

J'ai réussi à faire une belle crèche avec du bois de caisse, du papier d'emballage, du *feurre* pour le toit de chaume, de la boue sèche pour le faîtage, de la paille… dans laquelle j'ai ménagé des «nids» afin d'y placer mes statuettes. Pour la plupart, hélas, elles sont un peu mutilées. Remisées toute l'année dans les placards humides de la sacristie, leur plâtre s'écaille et les enfants qui les transportent les cognent un peu ici et là, Noël après Noël… J'ai camouflé de mon mieux ces petits dégâts avec un peu de peinture dont il reste des traces sur ma soutane poussiéreuse (ma mère ne sera pas contente…). Heureusement, une faible lumière rouge va tamiser l'ensemble et les imperfections s'estomperont.

Et puis, me dis-je, oublions les détails, l'important c'est qu'une fois de plus Jésus renaisse.

Tandis que transformé en sacristain, comme du temps où j'étais séminariste, je lave, peins, décore, mesure les bougies et achève l'agencement de la crèche, les fillettes du catéchisme font le ménage.

Ite missa est

Bientôt, l'église sera pleine. Noël, c'est la grande fête de l'hiver en pays de Caux et, qui plus est, la fête des jeunes gens. Et justement quelques-uns d'entre eux, non loin de moi, sont en train de décorer les civières que l'on portera aux processions. Très important : les civières font partie d'une tradition fort ancienne. Elles ont été nettoyées à grande eau car elles servent souvent dans les fermes au transport du fumier. Celle où sera placé le pain bénit reçoit des soins particuliers : ses plateaux superposés, qui évoquent un peu la Tour de Babel, sont recouverts de papier brillant et leurs bords sont garnis de lierre et de houx. Du houx à boules rouges qui se fait rare : il faut aller jusque dans le bois de Bréauté pour le chercher.

La tige de bois verticale qui perce les plateaux est ornée à son extrémité d'une touffe de gui trouvée sur un pommier. Pas de sapins. Ils évoquent de mauvais souvenirs : les Allemands les utilisaient pour décorer l'église pendant l'Occupation.

De toute façon, ce sont mes paroissiens qui décident seuls de presque tout. Bien que le curé soit *Maît' cheu li* – comme on dit ici – ils considèrent que cette fête de Noël est la leur. Quoi que je fasse d'ailleurs, je resterai toujours pour eux quelqu'un de la ville, un étranger : un horsain... […]

D'ailleurs, si j'avais quelque chose à reprocher à mes paroissiens, ce serait de n'avoir pas réagi, comme je l'espérais, au « télégramme » que j'ai adressé naïvement à chaque famille du village, dans le but d'actualiser ce nouveau Noël :

Arrivés hier soir à Bethléem juste pour les fêtes où Marie et moi espérions trouver une HLM – Stop –

Pas drôles de paroissiens!

Hélas, on a dû coucher n'importe où – Stop – Marie a eu son enfant c'est un garçon – Stop – La mère et l'enfant se portent bien. Le voisinage est sympathique. – Stop – Maintenant que je suis recensé j'espère trouver du travail.

Signé : JOSEPH (charpentier).

Hélas, mon « humour » n'a pas été fort goûté. On a évalué plutôt le coût de l'opération et le verdict est tombé, sévère : *On avait jamais vu cha!* (Je devrais pourtant savoir que ce qui « ne s'est encore jamais vu » n'est pas bon.)

Le Horsain. Vivre et survivre en Pays de Caux
© Éditions Plon, 1988

PAUL CLAUDEL

Noël, messes de contrastes

Écrivain, dramaturge et diplomate, Paul Claudel (1868-1955) fut également l'auteur d'un Journal *qui prit naissance à l'occasion de la crise de* Partage de midi. *Un « cahier de citations » d'abord, puis un « fourre-tout », selon ses propres termes, où les remarques personnelles côtoient les* Écritures *et les* Pères.

G[ran]d'Messe de Noël à S.-Marie Majeure. La planche de la crèche dans un reliquaire de cristal. La coupole de mosaïque comme un tapis usé par l'éternité, le ciel en projection, la cuve de marbre aux tons de chair, la foule entre les colonnes, l'église illuminée dans toute sa longueur. Toujours l'idée de beauté, de couleur, de paradis. La messe parmi les flammes. Sous une voûte d'or le Pontife qui dit la messe dans les flammes, en bas la tombe splendidement parée. – Les Sœurs qui regardaient le menton à la balustrade, l'amande du visage (avec un bout de serre-tête noir en haut) encadrée dans la fraise tuyautée, l'âme qui met la face au guichet. – L'Ara Coeli. La petite fille en robe marin qui prêchait avec éloquence sur une estrade. La statue de Léon X. Celle de Grégoire XIII. Idées de statues funéraires, le bras qui pend de toute sa longueur tient un chapelet. Un autre la tête et les cheveux pendants. Un autre à plat ventre, la tête sur un livre, tournée de profil ; les mains renversées. Une statue de moine (par ex[emple] S. Thomas d'Aquin) à genoux sur un livre qui a l'air de l'emporter de ses 2 ailes battantes. Une statue de sainte couronnée d'épines, un genou au pied de la croix et la main qui en atteint la traverse. – La crèche de l'Ara Coeli avec une porte ouverte qui laisse voir un croissant de lune et tout un paysage avec de petits personnages lointains q[ui] arrivent. – S. Pierre aux Liens. Le Moïse.

Décembre 1915, in *Journal I 1904-1932*
Bibliothèque de la Pléiade
© Éditions Gallimard, 1968

Noël – Gr[and]-Messe à N[otre]-D[ame]. Défilé du clergé. Tous ces visages qui passent devant moi me donnent bien peu de satisfaction. Englouti dans la foule sans rien voir et presque sans rien entendre. – Le clergé va vers le peuple, puis il tourne et vérifie le contenu de l'église, puis il revient au nom du peuple vers l'autel. – Contraste de la sublimité de la liturgie et de l'accablante infériorité des h[ommes] q[ui] en ont la charge.

Décembre 1937, in *Journal II 1933-1955*
Bibliothèque de la Pléiade
© Éditions Gallimard, 1969

JEAN GIONO

Les santons et le secret des cœurs

Après des romans ancrés en Provence qui lui valurent une réputation d'écrivain régional qu'il contesta, Jean Giono (1895-1970) renouvela son univers à compter de 1938, délaissant l'observation de la nature pour l'étude des âmes et des caractères.

Nous avons tous fait des crèches ; puis nos enfants en ont fait à leur tour. Alors, si nous observons, nous voyons que c'est plus qu'un magnifique jeu d'hiver : c'est un moyen d'expression. Au fond nous sommes toujours à l'époque des cavernes : il nous faut dessiner sur les parois.

Il n'y a pas que les santons. Il y a la composition du paysage. Ce n'est jamais un paysage de Judée. C'est toujours celui qui nous est familier ; le Marseillais y représente Marseille ; le Manosquin, Manosque ; le Parisien, Paris. Ainsi donc, d'après nous, le fils de dieu est né dans les rochers d'Allauch, la colline du Mont d'Or ou le bois de Boulogne. Cela le rend fameusement proche. Plus encore, Allauch, le Mont d'Or, le bois de Boulogne (ou la forêt de Fontainebleau, ou cette transparente forêt de bouleaux nus, près d'un étang glacé, dans laquelle Breughel place son *Massacre des Innocents*) sont installés sur le dessus de la commode familiale, sur une étagère de crédence, sur le buffet débarrassé de ses bibelots. S'il y eut jamais façon d'accommoder les légendes au pot-au-feu, de mesurer en même temps que de s'approprier, la voilà. Tous les objets ménagers y concourent. De mon temps, les collines que je représentais en papier gris étaient faites d'un substratum de volumes d'Eugène Sue, d'Alexandre Dumas et d'un exemplaire des poésies de Malherbe. (Il n'a jamais servi qu'à ça. Je me demande pourquoi mon père gardait ce livre sur son établi de cordonnier.)

L'année dernière, mes filles ont fait entrer le plateau de Valensole dans Bethléem parce qu'elles disposaient des gros volumes d'un Bescherelle. Elles avaient aussi adopté pour le sol ces grandes feuilles de papier buvard vert qui me servent de sous-main, si bien que nous étions en plein printemps, à l'époque où le blé vert fait tapis anglais sous les amandiers. Moi, de mon temps, je faisais des rivières avec du papier de chocolat. Rivières bien différentes de notre Durance (la seule qu'il m'avait été donné de voir, à cet âge), car la création (et peut-être même celle de Dieu) se fait toujours par rapport à la réalité, donc parfois contre. Mais, papier de chocolat, attention! C'étaient de vraies feuilles d'étain, si vraies, si lourdes et si épaisses que ma mère les gardait précieusement, les roulait en boule, et quand la boule était assez grosse en faisait rétamer les cuillers et fourchettes. Ce papier de chocolat, artistiquement pendu dans les anfractuosités des volumes d'Eugène Sue recouverts de papier gris, donnait de somptueuses cascades vernisées, grasses, de quoi faire rêver tous les hydrauliciens de l'E.D.F. Le papier de chocolat actuel ne donne qu'une eau maigre, sans reflet et dont on se demande en fin de compte si elle est potable, si elle n'est pas souillée de naphte, ou de sel. Je disais à mes filles qu'à mon avis elle faisait plus Judée que mes anciennes cascades norvégiennes. Elles m'ont répondu que la Judée était le dernier de leurs soucis et qu'elles désiraient (étaient à la recherche d') une nature capable de représenter l'eau profonde, l'eau bleue, l'eau des Danubes et peut-être même l'eau sans rive des Amazones dont tous les esprits provençaux sont hantés.

Nous voilà loin des lieux saints, de l'histoire sainte. Mais, il est bon de voir que rien ne se fait sans le rêve et le désir; même pas le « Divin Enfant ».

Quant aux santons proprement dits, à la façon dont ils sont placés dans le paysage, on découvre le secret des cœurs. J'ai été pendant toute mon enfance entouré de dames et de demoiselles fort dévotes. Toutes, naturellement, composaient des crèches. Autour de l'étable proprement dite (toujours ornée d'étoiles, et même de comètes à longues queues), elles disposaient leur paysannerie d'argile. Devant l'étable, les rois mages, bien entendu, puis, sur les chemins, les collines, dans les vallons, sur les ponts, dans les prairies, sous les arbres, le peuple en marche. Peuple chargé de présents, portant des paquets de morue sèche (drôle de cadeau pour une accouchée d'Asie Mineure!), des pains de sucre, des rouleaux de dentelles et même des couteaux aiguisés. Ce n'est pas l'essentiel. Où je le vois, c'est dans la dispersion de ce peuple à travers le paysage. Certaines de ces dames et demoiselles dévotes qui disposaient de cent et même de deux cents sujets composaient des crèches où finalement la pauvre petite étable était bien seule dans ses étoiles et ses comètes. Tout le reste de la population était à bayer

Les santons et le secret des cœurs

aux corneilles par les chemins. En direction – oh bien sûr ! – en direction de l'étable, mais en train de muser, musarder et même de ruser, en train de vivre, quoi ! en train de vivre égoïstement pour soi-même.

Or je vis (j'avais quatre ans et le spectacle me bouleversa au point que par la suite je l'imitai) la crèche qu'avait faite un soir sinistre de décembre 1899 une pauvre fille assez mal estimée dans le quartier (et même très décriée, chez laquelle on m'avait défendu d'aller – et où je courais quand même sur mes petits pieds parce qu'elle était jolie, triste et parfumée de poudre de riz à la vanille). Cette pauvre fille (dont on disait qu'elle avait mauvaise vie) n'avait pu s'acheter qu'une vingtaine de santons en plus des personnages divins et des rois. Elle n'avait pas pu, ou pas eu le temps, ou pas eu la présence d'esprit, de composer le paysage. Sur la table nue de la cuisine, à même les carreaux (et les trous) de la toile cirée, elle avait posé l'Enfant, sans étoiles ni comètes, et, tout autour, bien serrés contre, dans la même misère (qui paraissait sans recours), rois et peuples mélangés.

Provence
© Éditions Gallimard, 1993

ALPHONSE DAUDET

Messes à train d'enfer

Recueil d'une quarantaine de contes évoquant majoritairement la guerre de 1870, les Contes du lundi *restituent le talent impressionniste, la fantaisie et le style plein de verve d'Alphonse Daudet (1840-1897).*

Drelindin din!... Drelindin din!...

C'est la messe de minuit qui commence. Dans la chapelle du château, une cathédrale en miniature, aux arceaux entrecroisés, aux boiseries de chêne, montant jusqu'à hauteur des murs, toutes les tapisseries ont été tendues, tous les cierges allumés. Et que de monde! Et que de toilettes! [...] Au fond, sur les bancs, c'est le bas office, les servantes, les métayers avec leurs familles; et enfin, là-bas, tout contre la porte qu'ils entr'ouvrent et referment discrètement, messieurs les marmitons qui viennent entre deux sauces prendre un petit air de messe et apporter une odeur de réveillon dans l'église tout en fête et tiède de tant de cierges allumés.

Est-ce la vue de ces petites barrettes blanches qui donne des distractions à l'officiant? Ne serait-ce pas plutôt la sonnette de Garrigou, cette enragée petite sonnette qui s'agite au pied de l'autel avec une précipitation infernale et semble dire tout le temps: «Dépêchons-nous, dépêchons-nous... Plus tôt nous aurons fini, plus tôt nous serons à table. » Le fait est que chaque fois qu'elle tinte, cette sonnette du diable, le chapelain oublie sa messe et ne pense plus qu'au réveillon. Il se figure les cuisines en rumeur, les fourneaux où brûle un feu de forge, la buée qui monte des couvercles entr'ouverts, et dans cette buée deux dindes magnifiques, bourrées, tendues, marbrées de truffes... [...] Si vive est la vision de ces merveilles qu'il semble à dom Balaguère que tous ces plats mirifiques sont servis devant lui sur les broderies de la nappe d'autel, et deux ou trois fois, au lieu de *Dominus vobiscum*, il se surprend à dire le *Benedicite*. A part ces légères méprises, le digne homme débite son office très consciencieusement, sans passer une ligne, sans omettre une génuflexion, et tout marche assez bien jusqu'à la fin de la première messe ; car vous savez que le jour de Noël le même officiant doit célébrer trois messes consécutives.

« Et d'une ! » se dit le chapelain avec un soupir de soulagement ; puis sans perdre une minute il fait signe à son clerc ou celui qu'il croit être son clerc, et...

Drelindin din !... Drelindin din !

C'est la seconde messe qui commence, et avec elle commence aussi le péché de dom Balaguère. « Vite, vite, dépêchons-nous, » lui crie de sa petite voix aigrelette la sonnette de Garrigou, et cette fois le malheureux officiant, tout abandonné au démon de gourmandise, se rue sur le missel et dévore les pages avec l'avidité de son appétit en surexcitation. Frénétiquement il se baisse, se relève, esquisse les signes de croix, les génuflexions, raccourcit tous ses gestes pour avoir plus tôt fini. A peine s'il étend ses bras à l'évangile, s'il frappe sa poitrine au confiteor. Entre le clerc et lui c'est à qui bredouillera le plus vite. Versets et répons se précipitent, se bousculent.

Ite missa est

Les mots à moitié prononcés, sans ouvrir la bouche, ce qui prendrait trop de temps, s'achèvent en murmures incompréhensibles.

Oremus ps... ps... ps...

Meâ culpâ... pâ... pâ...

Pareils à des vendangeurs pressés foulant le raisin de la cuve, tous deux barbotent dans le latin de la messe, en envoyant des éclaboussures de tous les côtés.

Dom... scum!... dit Balaguère.

...Stutuo!... répond Garrigou, et tout le temps la damnée petite sonnette est là qui tinte à leurs oreilles, comme ces grelots qu'on met aux chevaux de poste pour les faire galoper à la grande vitesse. Pensez que de ce train-là une messe basse est vite expédiée.

« Et de deux ! » dit le chapelain tout essoufflé ; puis sans prendre le temps de respirer, rouge, suant, il dégringole les marches de l'autel et...

Drelindin din !... Drelindin din !...

C'est la troisième messe qui commence. Il n'y a plus que quelques pas à faire pour arriver à la salle à manger ; mais, hélas ! à mesure que le réveillon approche, l'infortuné Balaguère se sent pris d'une folie d'impatience et de gourmandise. Sa vision s'accentue, les carpes dorées, les dindes rôties sont là, là. Il les touche ;... il les... Oh ! Dieu... Les plats fument, les vins embaument ; et secouant son grelot enragé, la petite sonnette lui crie :

« Vite, vite, encore plus vite !... »

Mais comment pourrait-il aller plus vite ? Ses lèvres remuent à peine. Il ne prononce plus les mots... A moins de tricher tout à fait le bon Dieu et de lui escamoter sa messe... Et c'est ce qu'il fait le malheureux !... De tentation en tentation il commence par sauter un verset,

Messes à train d'enfer

puis deux. Puis l'épître est trop longue, il ne la finit pas, effleure l'évangile, passe devant le credo sans entrer, saute le pater, salue de loin la préface, et par bonds et par élans se précipite ainsi dans la damnation éternelle, toujours suivi de l'infâme Garrigou (*vade retro, Satanas*), qui le seconde avec une merveilleuse entente, lui relève sa chasuble, tourne les feuillets deux par deux, bouscule les pupitres, renverse les burettes, et sans cesse secoue la petite sonnette de plus en plus fort, de plus en plus vite.

Il faut voir la figure effarée que font tous les assistants ! Obligés de suivre à la mimique du prêtre cette messe dont ils n'entendent pas un mot, les uns se lèvent quand les autres s'agenouillent, s'asseyent quand les autres sont debout, et toutes les phases de ce singulier office se confondent sur les bancs dans une foule d'attitudes diverses. L'étoile de Noël en route dans les chemins du ciel, là-bas vers la petite étable, pâlit d'épouvante en voyant cette confusion...

« L'abbé va trop vite... On ne peut pas suivre, » murmure la vieille douairière en agitant sa coiffe avec égarement. Maître Arnoton, ses grandes lunettes d'acier sur le nez, cherche dans son paroissien où diantre on peut bien en être. Mais au fond, tous ces braves gens, qui eux aussi pensent à réveillonner, ne sont pas fâchés que la messe aille ce train de poste ; et quand dom Balaguère, la figure rayonnante, se tourne vers l'assistance en criant de toutes ses forces : *Ite missa est*, il n'y a qu'une voix dans la chapelle pour lui répondre un *Deo gratias* si joyeux, si entraînant, qu'on se croirait déjà à table au premier toast du réveillon.

Les trois messes basses, in *Contes du lundi*
1873

MICHEL TREMBLAY

Les trois messes lassent

Écrit à l'âge de seize ans, le court roman Les Loups se mangent entre eux *contient déjà en germe les principales facettes de l'univers de Michel Tremblay (né en 1942), romancier et dramaturge prolifique qui secoua le monde littéraire québécois en utilisant le joual dans ses écrits.*

Dans la grande église surchauffée, quelques centaines de personnes suaient, entassées quatre par quatre dans des bancs à trois. Du haut de sa chaire, le vieux curé répétait pour la sixième fois que... « Jésus est venu sur la terre pour nous sauver et que nous devons le remercier en cette belle nuit de Noël... » Quelques hommes, déjà ivres, dormaient, la tête enfouie dans leur paletot d'hiver. Les femmes, toutes peinturlurées et toutes déguisées, paraissaient attentives, mais leur esprit était bien loin du sermon du vieux curé grippé. Les enfants, les yeux grands ouverts, absorbaient autant de lumière qu'ils pouvaient. Eux seuls pensaient à celui qui venait de naître; eux seuls guettaient la crèche dans l'espoir de voir bouger ce petit paquet de chair gelée; eux seuls attendaient impatiemment les bergers, les pauvres bergers avec leurs cadeaux mouillés.

« C'est la grâce que je vous souhaite à tous, au nom du Père, du Fils, du Saint-Esprit, ainsi soit-il. »

Les trois messes lassent

On se leva. La tête encore lourde de rêves, certains dormeurs se demandaient où ils étaient. Les tousseurs cessèrent de tousser. Les enfants quittèrent à regret l'étable magique pour rejoindre les grands à l'autel ennuyeux.

Le credo. « Je crois en Dieu, le Père tout-puissant... » Huit cents personnes récitaient ces paroles du bout de la pensée, et les paroles que la pensée oubliait ou omettait enlevaient à la prière tout sens. Le credo. Un long paquet de mots avec une génuflexion dans le milieu.

On se rassit. Les dormeurs se rendormirent et les tousseurs se remirent à tousser. Et le chœur s'égosillait là-haut.

Après un canon à trois voix qui fit pleurer les vieilles et empêcha quelques messieurs de roupiller, ce fut l'élévation. Huit cents corps prosternés, huit cents têtes vides. Les enfants s'étaient remis depuis longtemps à penser à la crèche, à l'étoile, aux anges qui chantaient des cantiques avant même que les cantiques ne soient inventés. Une clochette ; n'est-ce pas un berger qui sonne pour annoncer l'arrivée du promis ? Une autre clochette ; les têtes se penchent. Des têtes vides. Machinalement, quelques vieilles récitent leur prière du matin. Une troisième clochette ; les mêmes têtes vides se relèvent. Le prêtre a éternué, que c'est drôle ! Encore trois sons de cloche et on pourra enfin se relever...

Quand l'orgue se remit à rugir et le chœur à beugler, la moitié de l'assistance se retourna et leva la tête pour voir les faiseurs de vacarme. On sourit quand l'orgue du frère Isidore détonna au beau milieu d'une envolée de pieuses notes.

Ite missa est. Un petit garçon se pencha vers sa

mère : « Tu as entendu ce que le prêtre dit, maman ? C'est comme ça que *Maria Chapdelaine* commence ! Les mêmes mots ! J'ai lu le commencement dans mon livre de français... »

L'église est à moitié vide depuis un bon moment déjà.

« Vous n'entendez pas les trois messes ? »

« Non. C'est beaucoup trop long ! »

Le perron est grouillant de monde. Il y a là des riches avec des sourires en or et des pauvres sans sourire du tout ; il y a là des grosses femmes déguisées en animaux à fourrure et de petites femmes déguisées en plumeaux ; il y a là des enfants chaussés de bottes doublées de fourrure et des enfants en souliers d'été.

– Joyeux Noël !
– Joyeux Noël, vieux !

Des poignées de main, des embrassades, des coups de pied, des coups de coude, des sourires mielleux, des sourires hypocrites, des sourires en coin, des sourires en carré, des sourires en triangle, des haleines qui puent la boisson à plein nez.

– Pourquoi ne venez-vous pas réveillonner chez moi ?
– Je ne puis ma chère, je suis invitée chez un ami...

Les taxis se sont donnés rendez-vous en face de l'église. Les automobilistes se disputent le chemin, une vieille dame qui voudrait traverser, et qui n'ose pas de peur de se faire frapper par un de ces imbéciles, gèle sur un coin.

La ville est tout imprégnée d'une atmosphère de fausse joie ; d'une joie fabriquée de tourtières et de boissons alcooliques. On oublie pourquoi on réveillonne. On oublie qui on fête. On décore les maisons de guirlandes, de boules, de glaçons ; et les âmes ? Le péché n'est pas une décoration! Il n'y a pas de neige. Il n'a pas encore vraiment neigé cette année, mais il fait quand même très froid. Un froid pâle et glacé court à travers les rues désertes. Il s'engouffre en riant dans les maisons des pauvres qu'il égorge avec un plaisir sadique.

C'est Noël.

Les Loups se mangent entre eux
© Leméac Éditeur

MINUIT, CHRÉTIENS :
L'HEURE DU CRIME!

ERNST JÜNGER

Stille Nacht

Intellectuel allemand conservateur marqué par un idéal militariste, héros de la Grande Guerre et nationaliste qui se tint à l'écart du pouvoir nazi, Ernst Jünger (1895-1998) fut l'une des plus grandes figures des Lettres germaniques du XXe siècle. Publiés tardivement, ses Carnets *constituent un document brut sur la Grande Guerre.*

24/12/15

La boue et la merde prennent le dessus. Ce matin à 3 heures une charge géante a explosé avec un fracas de tonnerre à l'entrée de mon abri. J'ai dû mettre deux hommes au travail pour enlever à grand-peine la boue et écoper l'eau qui se déversait en torrent dans l'abri. J'en suis réduit à constater que notre tranchée est irrémédiablement noyée. Le lieutenant Wetje que j'étais allé voir m'a raconté qu'il avait déjà écopé hors de son abri 3 à 4 000 litres d'eau. L'abri du chef de la 2e section s'est presque entièrement effondré. Dans les tranchées, la gadoue vous monte jusqu'au nombril, c'est à désespérer. Dans ma section, en face du trou de la sape, un mort allemand commence à apparaître. Pour le moment, jusqu'aux jambes. Il porte à l'un de ses pieds une chaussure à lacet, l'autre est tombé de l'articulation et le

Minuit, chrétiens : l'heure du crime!

moignon de pied, revêtu d'une chaussette brune et d'une jambe de pantalon feldgrau, pointe dans la tranchée.

C'est le soir de Noël. Je suis assis à mon bureau au-dessus duquel Auguste, mon ordonnance, a suspendu une toile de tente, et je me fais préparer un grog. Une branche de sapin est posée sur la table. Oui! c'était bien différent il y a deux ans! J'étais vers cette date au fort Saint-Jean à Marseille, attendant les papiers pour rentrer à la maison. Aujourd'hui, au moins, il y a une branche de sapin sur la table et, même si les balles sifflent au-dessus de l'abri, les mitrailleuses cognent et l'artillerie lourde n'observe pas la trêve de Noël, j'ai bien d'autres espoirs en perspective. En pensée, je vois le grand fleuve au milieu de vastes espaces; d'imposantes régions couvertes de sombres forêts, et des étendues où poussent des herbes gigantesques.

À l'instant (9 h 15), quelques-uns de nos braves fusiliers chantent « *Stille Nacht, heilige Nacht* » et d'autres chants de Noël. Une mitrailleuse anglaise tente de couvrir leur voix, mais ils tiennent bon.

Carnets de guerre 1914-1918,
traduit de l'allemand par Julien Hervier
© Christian Bourgois Éditeur, 2014

GUY DE MAUPASSANT

Il est né le divin enfant...
dans mon lit

Parce que le réveillon lui a joué « le plus sale tour du monde », le narrateur a gardé « une insurmontable horreur pour cette nuit stupide de gaieté imbécile ». Initialement publié dans Gil Blas *du 26 décembre 1882,* Nuit de Noël *parut dans le recueil* Mademoiselle Fifi *: Guy de Maupassant (1850-1893) y donne libre cours à son habileté féroce.*

Vous vous rappelez comme il faisait froid, voici deux ans, à cette époque ; un froid à tuer les pauvres dans la rue. La Seine gelait ; les trottoirs glaçaient les pieds à travers les semelles des bottines ; le monde semblait sur le point de crever.

J'avais alors un gros travail en train et je refusai toute invitation pour le réveillon, préférant passer la nuit devant ma table. Je dînai seul ; puis je me mis à l'œuvre. Mais voilà que, vers dix heures, la pensée de la gaieté courant Paris, le bruit des rues qui me parvenait malgré tout, les préparatifs de souper de mes voisins, entendus à travers les cloisons, m'agitèrent. Je ne savais plus ce que je faisais ; j'écrivais des bêtises ; et je compris qu'il fallais renoncer à l'espoir de produire quelque chose de bon cette nuit-là.

Minuit, chrétiens : l'heure du crime!

Je marchai un peu à travers ma chambre. Je m'assis, je me relevai. Je subissais, certes, la mystérieuse influence de la joie du dehors, et je me résignai.

Je sonnai ma bonne et je lui dis : – Angèle, allez m'acheter de quoi souper à deux : des huîtres, un perdreau froid, des écrevisses, du jambon, des gâteaux. Montez-moi deux bouteilles de champagne ; mettez le couvert et couchez-vous.

Elle obéit, un peu surprise. Quand tout fut prêt, j'endossai mon pardessus, et je sortis.

Une grosse question restait à résoudre : avec qui allais-je réveillonner ? Mes amies étaient invitées partout. Pour en avoir une, il aurait fallu m'y prendre d'avance. Alors, je songeai à faire en même temps une bonne action. Je me dis : Paris est plein de pauvres et belles filles qui n'ont pas un souper sur la planche, et qui errent en quête d'un garçon généreux. Je veux être la Providence de Noël d'une de ces déshéritées.

Je vais rôder, entrer dans les lieux de plaisir, questionner, chasser, choisir à mon gré.

Et je me mis à parcourir la ville.

Certes, je rencontrai beaucoup de pauvres filles cherchant aventure, mais elles étaient laides à donner une indigestion, ou maigres à geler sur pied si elles s'étaient arrêtées.

J'ai un faible, vous le savez, j'aime les femmes nourries. Plus elles sont en chair, plus je les préfère. Une colosse me fait perdre la raison.

Soudain, en face du théâtre des Variétés, j'aperçus un profil à mon gré. Une tête, puis, par-devant, deux bosses, celle de la poitrine, fort belle, celle du dessous surprenante : un ventre d'oie grasse. J'en frissonnai,

Il est né le divin enfant... dans mon lit

murmurant : – Sacristi, la belle fille ! Un point me restait à éclaircir : le visage.

Le visage, c'est le dessert ; le reste c'est... c'est le rôti.

Je hâtai le pas, je rejoignis cette femme errante, et, sous un bec de gaz, je me retournai brusquement.

Elle était charmante, toute jeune, brune, avec de grands yeux noirs.

Je fis ma proposition, qu'elle accepta sans hésiter.

Un quart d'heure plus tard, nous étions attablés dans mon appartement.

Elle dit en entrant : – Ah ! on est bien ici.

Et elle regarda autour d'elle avec la satisfaction visible d'avoir trouvé la table et le gîte en cette nuit glaciale. Elle était superbe, tellement jolie qu'elle m'étonnait, et grosse à ravir mon cœur pour toujours.

Elle ôta son manteau, son chapeau ; s'assit et se mit à manger ; mais elle ne paraissait pas en train ; et parfois sa figure un peu pâle tressaillait comme si elle eût souffert d'un chagrin caché ?

Je lui demandai : – Tu as des embêtements ?

Elle répondit : – Bah ! oublions tout.

Et elle se mit à boire. Elle vidait d'un trait son verre de champagne, le remplissait et le revidait encore, sans cesse.

Bientôt un peu de rougeur lui vint aux joues ; et elle commença à rire.

Moi, je l'adorais déjà, l'embrassant à pleine bouche, découvrant qu'elle n'était ni bête, ni commune, ni grossière comme les filles du trottoir. Je lui demandai des détails sur sa vie. Elle répondit : – Mon petit, cela ne te regarde pas !

Hélas ! une heure plus tard...

Minuit, chrétiens : l'heure du crime!

Enfin, le moment vint de se mettre au lit, et, pendant que j'enlevais la table dressée devant le feu, elle se déshabilla vivement et se glissa sous les couvertures.

Mes voisins faisaient un vacarme affreux, riant et chantant comme des fous ; et je me disais : J'ai eu rudement raison d'aller chercher cette belle fille ; je n'aurais jamais pu travailler.

Un profond gémissement me fit me retourner. Je demandai : – Qu'as-tu, ma chatte ? Elle ne répondit pas, mais elle continuait à pousser des soupirs douloureux, comme si elle eût souffert horriblement.

Je repris : – Est-ce que tu te trouves indisposée ?

Et soudain elle jeta un cri, un cri déchirant. Je me précipitai une bougie à la main.

Son visage était décomposé par la douleur, et elle se tordait les mains, haletante, envoyant du fond de sa gorge ces sortes de gémissements sourds qui semblent des râles et qui font défaillir le cœur.

Je demandai, éperdu : – Mais qu'as-tu ? dis-moi, qu'as-tu ?

Elle ne répondit pas et se mit à hurler.

Tout à coup les voisins se turent, écoutant ce qui se passait chez moi.

Je répétais : – Où souffres-tu, dis-moi, où souffres-tu ?

Elle balbutia : – Oh ! mon ventre ! mon ventre !

D'un seul coup je relevai la couverture, et j'aperçus...

Elle accouchait, mes amis. [...]

Que faire ? Envoyer cette malheureuse à l'hôpital ? J'aurais passé pour un manant dans toute la maison, dans tout le quartier.

Je la gardai. Elle resta dans mon lit six semaines.

L'enfant ? Je l'envoyai chez des paysans de Poissy. Il

me coûte encore cinquante francs par mois. Ayant payé dans le début, me voici forcé de payer jusqu'à ma mort.

Et, plus tard, il me croira son père.

Mais, pour comble de malheur, quand la fille a été guérie... elle m'aimait... elle m'aimait éperdument, la gueuse !

– Eh bien ?
– Eh bien, elle était devenue maigre comme un chat de gouttière ; et j'ai flanqué dehors cette carcasse qui me guette dans la rue, se cache pour me voir passer, m'arrête le soir quand je sors ; pour me baiser la main, m'embête enfin à me rendre fou.

Voilà pourquoi je ne réveillonnerai plus jamais.

Nuit de Noël, in recueil *Mademoiselle Fifi*
1883

PAUL BOURGET

Ecce homo

Héraut du roman psychologique dans lequel l'analyse des états d'âme et des crises de conscience accorde une large place à la morale et à la religion, Paul Bourget (1852-1935) excella tout particulièrement dans le format court de la nouvelle.

Durant cette nuit du 24 au 25 décembre 1793, il y a eu un instant où j'ai été un assassin et un suicidé. J'ai résolu de tuer ma femme et avec elle le fruit de notre mariage. J'ai résolu de me tuer. J'ai armé mes pistolets pour cela. J'en ai vérifié la charge et la pierre. Voilà pourquoi, mon fils, je veux que vous gardiez toujours auprès de vous ce tableau de piété dont Dieu s'est servi pour me sauver du plus hideux, du plus inexpiable des crimes…

Je m'étais levé, cette résolution prise. Car elle était prise. Je m'étais dit : – Dans un quart d'heure j'agirai. Je la tuerai et je me tuerai ensuite. Une espèce de tranquillité que je n'hésite plus à qualifier de diabolique avait succédé en moi à l'atroce agitation de tout à l'heure. La malade aussi traversait des moments moins agités. Elle avait cessé de gémir. Je pris la misérable chandelle qui éclairait cette scène de désespoir afin de revoir ces traits si chers, une dernière fois. Comme je m'approchais du lit, la lumière porta sur une toile suspendue dans l'alcôve, qui avait été celle du prêtre martyr. Cette toile était cette « Nativité » que je vous lègue. Comment expliquer, sinon par une faveur providentielle, que je n'y eusse prêté aucune attention jusqu'alors, et que, tout d'un coup, à cette place, j'aie regardé cette peinture et que j'en sois demeuré si profondément saisi ? J'ai dit que je n'avais pas gardé intacte la foi de mes premières années. Pourtant je l'avais eue, et très fervente. Sans doute j'avais aussi subi, à mon insu, l'influence de la piété de celle que je me préparais à assassiner par excès d'amour… Mais à quoi bon tenter d'expliquer un de ces retournements de l'âme, aussi mystérieux qu'ils sont irréductibles ? Entre le sujet traité par cette toile et l'épreuve que je traversais dans cet instant même, il y avait une analogie trop frappante pour que je ne la sentisse pas : « *Et Marie enfanta son Fils premier-né. Elle l'enveloppa de langes et le coucha dans une crèche, parce qu'il n'y avait pas de place pour eux dans l'hôtellerie* ». Je lus à mi-voix ces mots écrits sur le cadre. Et je me mis à songer… L'enfant dont la venue prochaine arrachait à ma femme ces gémissements, c'était, lui aussi, un premier-né. Nous aussi, ses parents, nous étions errants, sans place où nous reposer, obligés de nous contenter d'un asile de hasard. Je regardai de plus près la toile. Le peintre avait voulu qu'en levant les yeux, Joseph et Marie puissent reconnaître au-dessus du berceau de leur fils l'instrument de son futur supplice. La singulière idée qu'il avait eue de dessiner ainsi une croix sur le mur par l'ombre portée des barreaux n'aurait peut-être intéressé dans d'autres circonstances que ma curiosité. Remué comme j'étais dans les fibres les plus secrètes de ma personne, l'enseignement de ce symbole se révéla soudain à moi avec une force souveraine... Combien de temps passai-je ainsi à contempler tout à tout ce groupe des parents, le Sauveur endormi, la silhouette de cette croix auprès de son sommeil ? Je n'en sais rien. A les regarder ? Non. A écouter une voix échappée d'une bouche invisible et qui me disait :

– « *Ecce homo* ». Voilà l'homme. Auprès de toutes les naissances, il y a une menace, puisqu'auprès de toutes il y a une certitude de mort et que nous ne venons au monde dans la douleur que pour en sortir dans la douleur. Cette menace, ces parents l'acceptent. Ils sont agenouillés. Ils prient. Cet enfant l'accepte. Il dort. Les uns et les autres acceptent la vie, avec ce qu'elle a d'inconnu et de redoutable, et pour ceux qui la donnent, et pour celui qui la reçoit. Cette mère sera crucifiée dans la chair de son fils. Elle le sait et elle ne se révolte pas. Cet époux sera crucifié dans le cœur de son épouse. Il le sait et il ne se révolte pas. Cet enfant connaîtra les tortures de la plus cruelle agonie, la sueur de sang, l'abandon des amis, la trahison de Judas et son baiser, l'outrage de tout un peuple, les soufflets, les crachats, les clous dans ses pieds, dans ses mains, l'éponge de fiel, le coup de lance. Son martyre est là, prédit sur ce mur par ce jeu de lumière et d'ombre qui dessine cette croix. Il le sait et il ne se révolte pas... Et toi !... Ah ! lâche, lâche !...

En rédigeant ces phrases à la distance de tant d'années, je me rends bien compte que je leur donne une précision qu'elles n'ont certes pas eue. Je suis très sûr cependant qu'elles expriment les pensées qui s'agitèrent en moi tandis que je regardais le tableau d'abord, et revenu auprès du lit de ma femme, je m'abandonnai à une méditation dont je sortis pour dire à mon hôtesse, brusquement :

– Où habite M. Raillard ? Je veux aller le chercher.

– Vous voulez aller chercher M. Raillard ? répéta la Bouveron, épouvantée. Oh ! mon bon monsieur, ne faites pas cela ! Nous sommes morts tous les trois s'il sait que vous êtes ici, madame et vous, et que je vous cache...

– Où habite-t-il ? insistai-je. Ne voyez-vous pas que ma femme va mourir s'il ne vient pas de médecin ? Vous avez été si bonne pour nous, continuai-je, que je ne veux pas vous avoir mise en danger... Je dirai que je suis entré chez vous en vous menaçant... Et si je suis arrêté, vous trouverez là de quoi vous récompenser. J'avais tiré de ma poche un des sachets où étaient cousus mes diamants. La bonne femme esquissa un geste de refus. A cette seconde, un cri plus aigu d'Henriette déchira l'air.

– Je vais vous indiquer la maison de M. Raillard..., dit la vieille fille. Si vous ne revenez pas, je ferai ce que je pourrai pour madame. C'est la nuit de Noël...

Une nuit de Noël sous la Terreur
1907

ANNE PERRY

Un marécage près de la mer

Reine du polar victorien, l'Anglaise Anne Perry (née en 1938) a orchestré la presque totalité de son œuvre autour de deux caractères, l'inspecteur Thomas Pitt et le détective William Monk. Elle est également l'auteur d'une série d'ouvrages sur Noël, dans lesquels elle fait apparaître les personnages de ses deux sagas.

– Dois-je comprendre que vous allez me laisser toute seule dans cette maison pour Noël pendant que vous irez je ne sais où en France ?

Elle s'appliqua à faire vibrer la colère dans sa voix plutôt que de laisser entendre qu'elle avait l'impression d'être abandonnée.

– Bien sûr que non, Grand-maman ! s'exclama joyeusement Emily. Ce serait trop triste. De toute façon, vous ne pouvez pas rester ici, étant donné qu'il n'y aura personne pour s'occuper de vous.

– Ne dis pas de bêtises ! lança Grand-maman, tout son mordant revenu. Cette maison est pleine de domestiques.

Les fêtes de Noël d'Emily faisaient partie des rares moments que Grand-maman attendait, mais elle eût préféré s'étouffer que le reconnaître. Elle y aurait participé comme si c'était un devoir qu'on lui imposait, tout en dégustant chaque seconde.

– Tu as autant de bonnes qu'une duchesse ! De ma vie je n'ai jamais vu autant de filles manier le balai et le plumeau !

– Certains des domestiques nous accompagnent et les autres rentrent chez eux, dans leurs familles. Vous ne pouvez pas rester ici toute seule à Noël. Ce serait affreux ! J'ai pris des dispositions pour que vous alliez vous installer chez Maman et Joshua.

– Je n'ai aucune envie de m'installer chez ta mère et Joshua, risposta aussitôt Grand-maman.

Caroline avait été sa belle-fille, jusqu'à ce que la mort d'Edward quelques années plus tôt l'ait laissée veuve, à ce que Grand-maman considérait comme « un malheureux âge ». Et plutôt que de se retirer décemment loin du monde, comme leur chère reine l'avait fait, Caroline s'était remariée. L'initiative en soi était assez audacieuse. De plus, au lieu d'un veuf jouissant de moyens et d'une position, ce qui aurait pu offrir des avantages considérables, elle avait épousé un homme de presque vingt ans son cadet. Et pire encore, si toutefois c'était possible, il se produisait sur les planches – un acteur ! Un homme adulte qui se déguisait et se pavanait sur une scène en faisant semblant d'être quelqu'un d'autre. Et il était juif ! Pour Mariah, Caroline avait perdu le peu de présence d'esprit qu'elle avait jamais possédé, et, s'il l'avait su, le pauvre Edward se serait retourné dans sa tombe. L'un des fardeaux de sa vie était d'avoir vécu assez longtemps pour voir ça.

– Aucune envie, répéta-t-elle.

Emily se tenait en silence au milieu du salon. Le rougeoiement du feu projetait une douce lueur sur sa peau et sur les boucles extravagantes de sa coiffure.

Minuit, chrétiens : l'heure du crime!

– Je suis désolée, Grand-maman, mais, comme je vous l'ai dit, nous n'avons guère d'autre choix. Jack et moi partons demain, et nous avons de nombreux bagages à préparer, étant donné que nous resterons absents au moins trois semaines. Vous feriez bien d'emporter une provision de robes plus chaudes, ainsi que des bottes. Et vous n'avez qu'à m'emprunter mon châle noir, si vous voulez.

– Dieu du ciel ! N'ont-ils donc pas les moyens de s'offrir un feu ? explosa Grand-maman avec fureur. Joshua devrait envisager une forme d'emploi plus respectable... si toutefois il existe sur terre quelque chose qui lui convienne !

– Cela n'a rien à voir avec l'argent, répliqua Emily. Ils passent Noël dans une maison qu'ils ont louée pour les vacances, sur la côte sud du Kent. À Romney Marsh, pour être précise. Le vent sera sûrement frais, d'autant qu'on ressent souvent davantage le froid quand on est ailleurs que chez soi.

Grand-maman était horrifiée. À tel point qu'il lui fallut plusieurs secondes avant de trouver les mots exprimant ce qu'elle ressentait.

– J'ai mal entendu, je crois, dit-elle enfin d'un ton glacial. Tu n'arrêtes pas de marmonner, ces temps-ci. Ta diction était pourtant parfaite, mais, depuis ton mariage avec Jack Radley, tu te laisses aller... et dans plusieurs domaines. J'ai cru comprendre que ta mère allait passer Noël dans un marécage près de la mer. Et vu que c'est à l'évidence une totale absurdité, aie l'obligeance de répéter et de parler distinctement.

– Ils ont loué une maison à Romney Marsh, reprit Emily en s'appliquant à bien articuler. C'est à côté de la mer, et la vue sera sans doute très belle – à condition qu'il n'y ait pas de brume, bien sûr.

Cherchant à déceler de l'impertinence sur le visage d'Emily, Grand-maman ne vit dans ses grands yeux écarquillés qu'une innocence des plus suspectes.

– C'est inacceptable, dit-elle sur un ton qui aurait fait geler l'eau dans un verre.

Emily la regarda un instant, le temps de rassembler ses pensées.

– À cette période de l'année, le vent est trop fort pour qu'il y ait beaucoup de brouillard, finit-elle par dire. Vous pourrez peut-être regarder les vagues.

– Dans un marais ? demanda Grand-maman avec ironie.

– La maison se trouve en fait à St. Mary in the Marsh, répliqua Emily. À deux pas de la mer. Ce sera très agréable. Et rien ne vous obligera à sortir s'il fait froid ou si vous n'en avez pas envie.

– Naturellement, il fera froid ! À côté de la Manche et en plein hiver ! Il est probable que je vais attraper la mort.

Pour être juste, Emily avait l'air quelque peu mal à l'aise.

– Mais non, affirma-t-elle avec un entrain forcé. Maman et Joshua veilleront très bien sur vous. Vous pourriez même rencontrer des gens intéressants.

– Absurde ! s'exclama Grand-maman avec fureur.

La détective de Noël,
traduit de l'anglais par Pascale Haas
© Anne Perry, 2005
© Éditions 10/18,
Département d'Univers Poche, 2007,
pour la traduction française

ALPHONSE ALLAIS

La nuit des monte-en-l'air

Personnification par excellence du nonsense et de l'humour noir de la Belle Époque, Alphonse Allais (1854-1905) érigea une œuvre atypique, marquée par le jaillissement continuel de mots d'esprit, comme par un sens de l'invention aigu et de la loufoquerie où triomphe l'inattendu.

Notre meilleur jour, à nous autres cambrioleurs, ou, pour parler plus exactement notre meilleure nuit, c'est la nuit de Noël.

Surtout dans les départements.

Principalement dans certains.

Dans ceux (vous l'avez deviné) où la foi subsiste, fervente, candide, au cœur de ces bons vieux vrais Français, comme les aime Drumont (Édouard).

En ces naïfs districts, c'est encore plus par allégresse que par devoir religieux que les fidèles accourent à la messe de minuit, et, dans cette assemblée, c'est plus des poètes qui rêvent que des chrétiens qui prient.

L'étoile... les rois mages... l'étable... le Bébé-Dieu sur son dodo de fins copeaux... la jolie petite Maman-Vierge rose d'émoi et un peu pâle, tout de même, et fatiguée de recevoir tant de monde qui n'en finit pas d'arriver, d'entrer, de sortir, de bavarder... et dans un coin, le menuisier Josef, quelque peu effaré, un tantinet ridicule (d'ailleurs, amplement dédommagé depuis par un fort joli poste fixe au séjour des Bienheureux).

C'était le mille huit cent nonante-troisième anniversaire de cette date bénie.

Et cela se passait à A. sur B. (département de C. et D.).

Une sale nuit !

Un ciel gorgé d'étoiles.

Pas un nuage.

Une pleine lune, toute ronde, aveuglante, bête comme elle-même.

On se croirait dans quelque hall monstrueux éclairé par une électricité en délire.

Ah ! oui, ça va être commode tout à l'heure de travailler, dans ces conditions-là !

Un joli coup, pourtant :

Rien que des bijoux, de l'argent, des valeurs au porteur, dont – les imbéciles ! – ils ont noté les numéros sur un petit carnet enfermé dans le même tiroir que les valeurs.

Je vais être forcé d'entrer par le jardin, derrière.

Il y a un chien.

Heureusement, les boulettes à la strychnine n'ont pas été inventée pour les… je suis bête… elles ont justement été inventées pour les chiens.

En attendant que la messe sonne, je pioche mon plan.

Une merveille de plan, dressé par un camarade, lieutenant du génie fraîchement démissionné pour raisons qui ne regardent que lui.

Oh ! le joli plan, si précis !

Un aveugle s'y reconnaîtrait.

Minuit, chrétiens : l'heure du crime!

Et il y a des gens qui veulent supprimer l'École polytechnique!
Enfin, minuit!
Voici la messe qui sonne.
Un silence.
Tout le monde est à l'église.

Ouah! ouah! ouah!
Te tairas-tu, sale cabot!
Tu as faim? Tiens, boulotte cette boulette, boulette cette boulotte!
Pattes en l'air, le fidèle chien de garde bientôt contracte un silence religieux.
Me voilà dans la place!

Me voilà dans la place!
Mais, plus vite encore, me voilà sur le toit!
Car a surgi, revolver au poing, un homme sur lequel je n'étais pas en droit de compter, un homme qui faisait des réussites au lieu d'acclamer la venue du Sauveur!
Cet homme gueule comme un putois.
Je me trotte!
– Par ici! par ici! crie l'homme.
Des sergots, des pompiers me pourchassent.
… La balade sur les toits n'est généralement pas d'un irrésistible attrait; mais, par la neige, ce sport revêt je ne sais quelle mélancolie.
Tout à coup, des cris de triomphe : « Nous le tenons! Nous le tenons! Ah! vieille fripouille, ton compte est bon! »
Ce n'est pas moi qu'ils tiennent.
Alors qui?

Je risque un œil derrière la cheminée où je me cramponne.

Les hommes de police étreignent les bras, la tête, le torse d'un pauvre vieux qui se débat.

Et une grand pitié me saisit.

Celui qu'ils ont pris pour moi, pour le cambrioleur, c'est le Bonhomme Noël, en train d'apporter dans les cheminées des cadeaux pour les gosses, de la part du petit Jésus.

Conte de Noël, in *Pour cause de fin de bail*
1899

AGATHA CHRISTIE

Bonne saison pour le crime

Poète, nouvelliste, Agatha Christie (1891-1976) entra en littérature policière en 1920 avec La Mystérieuse Affaire de Styles, *dans laquelle apparaît pour la première fois le détective belge Hercule Poirot. Elle porta à son apogée le* whodunit *ou roman-problème qui fit sa célébrité.*

– C'est le temps de Noël. Jouez hautbois, résonnez musettes, et tout et tout. C'est l'époque des bons sentiments.

Hercule Poirot se renversa dans son fauteuil. Il joignit le bout des doigts en étudiant pensivement son hôte. Puis il murmura :

– Vous pensez donc que Noël n'est pas une bonne saison pour le crime ?

– En effet.

– Et pourquoi donc ?

– Pourquoi ? (Johnson eut l'air un peu déconcerté.) Eh bien, comme je vous l'ai dit, c'est la saison des réjouissances, de tout ça, quoi !

– Ces Anglais, murmura Poirot, quel peuple sentimental !

– Et après ? s'insurgea Johnson. Pourquoi n'aimerions-nous pas les vieilles traditions et les fêtes qui vont avec ? Quel mal y a-t-il à cela ?

— Aucun, aucun. C'est on ne peut plus charmant ! Mais tenons-nous en aux *faits*. Vous dites que Noël est la saison des réjouissances. Ce qui signifie, si je ne m'abuse, que l'on mange et que l'on boit beaucoup ? Autant dire, en fait, qu'on se *goinfre* ! Et quand on se goinfre, on attrape des indigestions ! Or, les indigestions rendent irritable !

— On ne tue pas par irritation, objecta le colonel Johnson.

— Je n'en suis pas si sûr ! Prenez un autre aspect de la question. Il règne à Noël un esprit d'amour universel. C'est la tradition, comme vous dites si bien. On oublie les vieilles querelles : ceux qui s'étaient disputés consentent à se réconcilier, même si ça ne doit durer qu'un temps.

Johnson hocha la tête :

— On enterre la hache de guerre, exactement.

— Et les familles... prenez les familles qui ont été séparées toute l'année, poursuivit Poirot. Elles se rassemblent une fois de plus. Eh bien, mon ami, quand toutes ces conditions sont réunies, il vous faut admettre qu'il doit en résulter une très grande *tension*. Des gens qui n'ont pas *envie* d'être aimables font un gros effort sur eux-mêmes pour *avoir l'air* aimables. Il y a énormément d'*hypocrisie* à Noël – hypocrisie honorable, hypocrisie pour le bon motif, c'est entendu, mais hypocrisie tout de même !

— Hum, j'avoue que j'ai du mal à voir les choses sous cet angle, regimba le colonel Johnson.

Poirot lui adressa un grand sourire :

— Evidemment, c'est moi qui les décris en ces termes, pas *vous*. Je vous fais remarquer que, dans ces conditions de tension et de *malaise* physique, il y a de fortes

Minuit, chrétiens : l'heure du crime!

chances pour que des antipathies légères et des désaccords sans importance prennent soudain un tour plus sérieux. Quand on se force à paraître plus aimable, plus généreux, plus magnanime qu'on ne l'est en fait, on finit généralement par se montrer plus désagréable, plus mesquin et plus odieux que nature! Si vous réprimez un comportement naturel, mon bon ami, le barrage cède tôt ou tard et le cataclysme se produit!

Le colonel Johnson le contempla d'un air sceptique.

– Je ne sais jamais quand vous êtes sérieux et quand vous vous moquez de moi, grommela-t-il.

Poirot lui sourit :

– Je ne parle pas sérieusement! Pas le moins du monde! Mais quand même, il y a du vrai dans ce que je dis : des conditions artificielles déclenchent des réactions naturelles.

Le serviteur du colonel Johnson pénétra dans la pièce.

– Le superintendant Sugden au téléphone, monsieur.

– Fort bien. J'y vais.

Avec un murmure d'excuse, le colonel quitta la pièce.

Il revint quelques minutes plus tard, le visage grave et troublé.

– Mille tonnerres! dit-il. Un meurtre! Et la nuit de Noël, par-dessus le marché!

Le Noël d'Hercule Poirot,
traduit de l'anglais par Françoise Bouillot
© Éditions du Masque, 1993

JOHN CHEEVER

Noël n'est pas pour les pauvres

Écrivain culte, auteur de presque deux cents nouvelles et de cinq romans, John Cheever (1912-1982) analysa magistralement, et avec humour, les faux-semblants de la middle-class *américaine. Dès les années 1930, il devint le chef de file incontesté de l'école dite du* New Yorker.

Noël est bien triste. Cette phrase traversa l'esprit de Charlie un instant après que son réveil l'eut tiré du sommeil, et définit le vague sentiment de déprime qui l'avait tourmenté toute la soirée de la veille. Derrière la vitre, le ciel était noir. Il se redressa dans son lit et tira sur la chaîne du plafonnier qui lui pendait devant le nez. Noël est l'une des journées les plus tristes de l'année, songea-t-il. Des millions de gens qui vivent à New York, je suis pratiquement le seul qui doive se lever dans la nuit froide de six heures, le matin de Noël ; je suis pratiquement le seul.

Il s'habilla. Les seuls bruits qu'il entendit, quand il quitta le dernier étage de la pension où il logeait et qu'il descendit l'escalier, furent ceux, frustes, du sommeil ; les seules lumières encore allumées étaient celles que l'on avait oubliées. Charlie petit-déjeuna sur le pouce à une camionnette où l'on pouvait se restaurer toute la nuit et prit le métro aérien en direction du nord de la ville.

Minuit, chrétiens : l'heure du crime!

De la 3e Avenue, il alla à pied jusqu'à Sutton Place. Le quartier était plongé dans l'obscurité. Immeuble après immeuble, des murs de fenêtres noires se dressaient dans la lumière des réverbères. Des millions et des millions de citadins étaient endormis, et cette perte de conscience collective suscitait une impression d'abandon, comme si l'on assistait à la chute de la ville, à la fin des temps. Charlie ouvrit les portes de verre et de métal de l'immeuble où il était employé depuis six mois comme garçon d'ascenseur. Traversant l'élégant hall, il se dirigea vers le vestiaire situé au fond de la pièce. Il enfila une veste rayée aux boutons en laiton, une fausse lavallière, un pantalon aux coutures ourlées d'une raie bleue et une veste. Le liftier de nuit somnolait sur le petit banc à l'intérieur de la cabine. Charlie le réveilla. Le garçon d'ascenseur déclara d'une voix pâteuse que le portier s'était fait porter pâle ce jour-là. Parce que le portier était malade, Charlie ne pourrait prendre de pause au moment du déjeuner, et beaucoup de gens lui demanderaient de héler des taxis. […]

Puis la vieille Mrs. Gadshill le sonna ; quand elle lui souhaita un joyeux Noël, il baissa la tête.

« Noël est bien triste quand on est pauvre. Je n'ai pas de famille, vous voyez. J'habite tout seul dans une chambre meublée.

– Moi non plus, je n'ai pas de famille, Charlie », déclara Mrs. Gadshill. Elle bannissait ostensiblement toute mauvaise humeur de son intonation, mais sa bonne grâce était feinte. « J'entends par là qu'aucun de mes enfants ne m'a rendu visite. J'en ai trois, ainsi que sept petits-enfants, mais aucun n'a pu se débrouiller pour venir sur la côte Est passer Noël avec moi. Bien sûr, je

Noël n'est pas pour les pauvres

comprends leurs problèmes. Je sais qu'il est difficile de voyager avec des enfants pendant les congés, même si moi, je parvenais toujours à me débrouiller quand j'avais leur âge. Cependant, les gens ne raisonnent pas tous de la même façon, et nous ne devons pas les condamner pour ce que nous ne pouvons pas comprendre. Mais je sais bien ce que vous éprouvez, Charlie. Je n'ai pas de famille, moi non plus. Je suis aussi seule que vous. »

Les paroles de Mrs. Gadshill n'émurent pas Charlie. Peut-être était-elle seule, mais elle avait un appartement de dix pièces, trois employés de maison, des tas de dollars et de diamants et, dans les quartiers pauvres, une foule de gamins auraient été ravis de s'accaparer les restes que jetait son cuisinier. Alors il se mit à songer aux enfants pauvres. Il s'assit sur une chaise, dans le hall, et médita.

C'était pour eux que c'était le plus terrible. Dès l'automne, ils percevaient toute l'agitation de Noël et s'entendaient répéter que c'était *leur* journée. Une fois Thanksgiving passé, ils ne pouvaient plus l'ignorer. Tout était fait de sorte qu'ils ne puissent pas y échapper. Partout, des couronnes et des décorations, des cloches tintinnabulantes, des sapins dans le parc, des Pères Noël à chaque coin de rue, des illustrations dans les magazines, les journaux, et sur tous les murs et dans toutes les vitrines de la ville, leur répétaient que s'ils étaient sages, ils recevraient ce dont ils avaient envie. Même s'ils ne savaient pas lire, ils ne pouvaient pas l'ignorer. Ils ne pouvaient pas l'ignorer, même s'ils étaient aveugles. Cela flottait dans l'air que respiraient les enfants pauvres. Chaque fois qu'ils allaient se promener, ils voyaient les jouets coûteux dans les vitrines

Minuit, chrétiens : l'heure du crime !

des magasins ; alors ils écrivaient au Père Noël des lettres que leurs parents leur promettaient d'envoyer, et, dès qu'ils étaient endormis, les parents brûlaient ces lettres dans le poêle. Quand venait le matin de Noël, comment pouvait-on leur expliquer ça, comment pouvait-on leur dire que le Père Noël ne rendait visite qu'aux enfants riches, qu'il négligeait ceux qui avaient été sages ? Comment pouvait-on affronter leur regard lorsqu'on n'avait qu'un ballon ou une sucette à leur donner ?

Quelques jours plus tôt, alors qu'il rentrait chez lui après sa journée de travail, Charlie avait vu une femme et une fillette dans la 59ᵉ Rue. La petite fille sanglotait. Il supposa, alors, qu'elle pleurait, il *sut* qu'elle pleurait, parce qu'elle avait aperçu tous les jouets trônant dans les vitrines des magasins et qu'elle ne comprenait pas pourquoi aucun d'eux ne lui était destiné. Sa mère était femme de ménage, devina-t-il, ou serveuse peut-être. Il les imagina regagnant une chambre pareille à la sienne, aux murs verts, non chauffée, le soir de Noël, pour dîner d'une boîte de soupe en conserve. Il vit la petite fille suspendre son bas effiloché et s'endormir, et la mère fouiller son sac à main à la recherche de quelque chose à glisser dans ce bas...

Noël est bien triste quand on est pauvre,
in *L'Ange sur le pont*,
The Angel of the Bridge,
John Cheever
© 1978 John Cheever, used by permission
of The Wylie Agency (UK) Limited
© Dominique Mainard, pour la traduction française

FEDOR MIKHAÏLOVITCH DOSTOÏEVSKI

Noël dans l'au-delà

Est-ce parce qu'il fut envoyé au bagne sibérien une nuit de Noël, que Fedor Mikhaïlovitch Dostoïevski (1821-1881) imprima à la date du 24 décembre une tonalité tragique? Ses quatre années d'enfer au milieu des réprouvés enrichirent sa connaissance du peuple russe et de ses souffrances, dont il se fit le chantre au fil d'une œuvre centrée sur l'instabilité et la mutation permanentes des êtres.

Il resta encore quelque temps auprès de sa mère, en tenant sa petite main sur l'épaule de la morte, souffla sur ses doigts pour les réchauffer et, saisissant sa casquette qui lui était tombée sous la main, il sortit à tâtons de la cave. Il fût parti plus tôt, n'eût été sa peur du gros chien qui hurlait toute la journée dans l'escalier, près de la porte du voisin; mais le chien n'y était plus et le garçonnet sortit vivement dans la rue.
Bon Dieu! quelle ville! Il n'a jamais rien vu de pareil. [...]
Voici une autre rue. Oh! qu'elle est large, celle-ci! On risque d'y être écrasé à chaque pas! Quelle rumeur, quel va-et-vient, et que de lumières! Et ceci, qu'est-ce donc? Ah! quelle énorme vitre! On voit à travers cette vitre

Minuit, chrétiens : l'heure du crime !

une belle pièce, et dans cette pièce un arbre s'élevant jusqu'au plafond ; c'est un arbre de Noël, brillant de mille feux et de papiers dorés, et chargé de pommes, de petites poupées et de minuscules chevaux ; là, des enfants propres et parés s'amusent, rient et jouent, mangent et boivent. Voilà une fillette mignonne qui se met à danser avec un garçonnet ; quelle jolie fillette ! On entend la musique même à travers la vitre. Le pauvret regarde, s'étonne et rit, quoiqu'il ait déjà mal aux pieds et aux doigts, – ses doigts glacés, maintenant tout à fait rouges, et qu'il ne peut plus fléchir à cause de la douleur. Il se souvient brusquement de cette douleur, fond en larmes, et court plus loin.

Voici encore une autre vitre et une autre pièce ; il voit encore un arbre et des tables chargées de gâteaux de toutes sortes et de toutes couleurs, d'amandes rouges et jaunes ; quatre riches dames les distribuent à quiconque vient de la rue par la porte qui s'ouvre à chaque instant et qui laisse entrer beaucoup de monde. Le petit garçon s'approche furtivement, pousse d'un geste brusque les battants et entre, lui aussi. Ah ! quel cri, quelle indignation ! Une dame s'approche vivement, lui glisse dans la main un sou, et s'empresse d'ouvrir la porte pour le faire sortir. Comme il a peur, le pauvret ! Le sou tomba aussitôt de ses menottes et résonna sur les marches de l'escalier : c'est qu'il n'avait pu fléchir ses petits doigts rougis pour le retenir.

Il sort donc et se met à courir bien vite sans savoir où ; il a envie de pleurer encore, mais il a peur et il court toujours en soufflant sur ses petits doigts gelés. Il est pris d'angoisse parce qu'il se sent seul et délaissé… Et, tout d'un coup, ô ciel ! mais qu'est-ce donc encore ! une

Noël dans l'au-delà

foule se tient devant une vitre et admire quelque chose : derrière la vitre, trois petites poupées habillées de robes rouges et vertes, – tout à fait, tout à fait vivantes ! Un vieillard a l'air de jouer sur un grand violon, deux autres se tiennent à côté et promènent leur archet sur des instruments plus petits : ils secouent leurs têtes en mesure, se regardent l'un l'autre, leurs lèvres remuent, ils causent sans doute, mais malheureusement on ne les entend pas à travers la vitre. [...]

Il se trouva soudain dans une cour et se cacha derrière du bois à brûler :

– Ici, on ne me découvrira pas, songeait-il, et puis il ne fait pas clair.

Il s'accroupit et se recroquevilla ; l'effroi l'oppressait, il respirait péniblement ; mais tout d'un coup il se sentit si bien, ses menottes, ses pieds ne lui faisaient plus mal, et il avait chaud, chaud comme s'il eût été couché sur un poêle. Brusquement, tout son petit corps fut secoué d'un frisson : c'est qu'il avait failli s'endormir. Qu'il serait bon de faire un somme ici !...

– Je me reposerai un peu, et après j'irai encore voir les poupées, pensa le garçonnet qui sourit à ce souvenir ; ... absolument comme des personnes vivantes !

Soudain, il croit entendre sa mère chanter près de lui.

– Maman, je dors, ah ! qu'il fait bon dormir ici.

– Viens voir mon arbre de Noël, mon petit, chuchota à son oreille une voix douce.

Il croit d'abord que c'est toujours sa mère, mais non, ce n'est pas elle. Qui donc l'appelle ainsi ? Il n'y voit pas, mais quelqu'un se penche sur lui et l'embrasse dans l'obscurité, tandis que lui tend la main ; et, tout

Minuit, chrétiens : l'heure du crime!

d'un coup, ah! quelle lumière! quel arbre de Noël! Non, pas même... il n'a jamais vu d'arbres pareils! Où se trouve-t-il donc? Quelle splendeur! quel éclat! et que de poupées tout autour!... mais il reconnaît bientôt que ce sont de vrais garçons, de vraies fillettes, bien que leurs visages lui paraissent d'une sérénité surnaturelle. Ils tournent et volent autour de lui, l'enlacent, l'embrassent, l'entraînent avec eux; lui aussi, il vole comme les autres, et il aperçoit sa mère qui le regarde avec joie et sourit en le voyant voltiger.

– Maman, maman, qu'il fait bon ici, s'écrie-t-il en embrassant les enfants.

Et il se hâte de parler des belles poupées qu'il a vues à travers la vitre.

– Qui êtes-vous, chers garçons et fillettes? leur demande-t-il en souriant.

– C'est l'arbre de Noël de Jésus, lui répondent-ils. Le Christ a toujours un arbre de Noël ce jour-ci, pour les petits enfants qui n'en ont pas là-bas...

Et il apprend que tous ces garçons, toutes ces fillettes, sont des enfants comme lui : les uns, abandonnés par leurs mères, morts de froids dans leurs berceaux, exposés dans les escaliers, aux portes des fonctionnaires pétersbourgeois; les autres, étouffés chez les nourrices de la campagne chargées de leur entretien par l'hospice des enfants trouvés; ceux-ci, morts sur les mamelles taries de leurs mères; ceux-là, asphyxiés par l'air confiné des wagons de troisième classe. Ils sont tous ici, à présent, ces enfants : pareils aux anges, ils entourent le Christ. Le voici lui-même qui leur tend les mains et les bénit ainsi que leurs mères. Celles-ci se tiennent à côté et pleurent; chacune d'elles reconnaît son fils ou sa fille : ils volent vers leurs mamans, les embrassent, essuient leurs larmes avec leurs petites mains, et les supplient de ne pas pleurer puisqu'ils sont si bien ici...

Le lendemain, le concierge trouva derrière le bois à brûler le petit cadavre gelé du garçonnet égaré.

L'arbre de Noël des pauvres petits in *L'Ame russe :*
contes choisis de Pouchkine, Gogol, Tourguéniev,
Dostoïevsky, Gardine, Léon Tolstoï,
traduit du russe par Léon Golschmann et Ernest Jaubert
1896

PIERRE ALEXIS DE PONSON DU TERRAIL

Assassiner sa jeunesse

Romans « de mœurs contemporaines », récits rustiques ou fantastiques, romans historiques ou d'aventures, nouvelles teintées d'autobiographie : Pierre Alexis de Ponson du Terrail (1829-1871) s'essaya à tous les genres et, caractérisé à la fois par la simplicité de son style et une maîtrise consommée du suspense, accéda à la notoriété avec le personnage de Rocambole.

Bien des veilles de Noël avaient passé et je n'avais point revu la petite fée. Mais, chaque année, je m'étais souvenu de la joie que j'avais éprouvé à consoler une misère ou une fière et noble infortune…

Mon pauvre grand-père dormait depuis longtemps du dernier sommeil, à l'ombre des cyprès de mon village ; j'étais devenu homme, et j'habitai cette grande ville au ciel noir, au pavé brûlant, qu'on nomme Paris.

Les hommes avaient été durs pour moi, les soucis de la vie avaient creusé plus d'un sillon imperceptible sur mon front, et j'avais dépassé cette heure solennelle qui sépare à jamais de l'adolescence et qu'on appelle la vingtième année.

C'était aussi la veille de Noël. Il faisait froid, il pleuvait et le vent agitait lugubrement la flamme des réverbères.

Assassiner sa jeunesse

Je passais, le sourcil froncé, enveloppé dans mon manteau sur le boulevard, une main dans ma poche et tourmentant, avec mes doigts fébriles, non plus les louis et les napoléons de mon pauvre grand-père, mais un peu de cet or que les hommes me vendaient au prix de mes veilles laborieuses et de mon rude travail.

Au milieu du boulevard il y avait une maison splendidement illuminée, d'où m'arrivaient des rires joyeux et frénétiques.

C'était un de ces restaurants à la mode ouverts toute la nuit, de Noël à la fin du carnaval.

Parmi les voix qui retentissaient au-dedans, je crus en reconnaître plusieurs et je m'apprêtai à entrer.

Sur le seuil de la porte était une mendiante en haillons, tenant dans ses bras grelottants un enfant bleu par le froid et que la pluie inondait :

– Au nom de Dieu! murmura la femme, pitié! monsieur, j'ai faim et mon enfant est glacé...

J'hésitai une seconde, une seconde je fus tenté de changer en joie la détresse de la pauvre femme... mais, je vous l'ai dit, les hommes avaient été durs pour moi, ils avaient heurté de la lèvre et du pied mon cœur et ma jeunesse, et ma jeunesse s'était repliée meurtrie, et mon cœur s'était fermé.

Je passai outre brusquement, sans écouter la mendiante, je montai, guidé par les rires, j'arrivai dans un salon où une table magnifiquement servie était dressée, et je reconnus autour d'elle d'anciens amis à moi, de jeunes hommes comme moi froissés, ayant souffert comme moi, et qui avaient besoin d'oublier.

Je pris place avec eux, je tendis, frémissant, mon verre sous les flots du vin d'Aï qui coulaient, je bus et je ris d'un rire fébrile, toute une nuit, et quand, au matin, les premières clartés de l'aube vinrent pâlir nos bougies, quand chancelants et brisés nous sortîmes... la mendiante n'était plus là!

Je me souvins alors de sa voix sourde et déchirante, de sa main amaigrie qu'elle m'avait tendue avec un regard suppliant... et le remords me prit à la gorge, et je m'enfuis tout seul, à travers les rues, marchant dans la boue noire, et la tête nue pour calmer un peu, aux âpres baisers de la pluie, le délire de mon front. J'arrivai ainsi chez moi.

Mon feu brûlait encore, la lampe venait de s'éteindre, mon chien dormait dans un coin du sommeil paisible de la fidélité.

Sur la dalle du foyer, et à la lueur indécise du dernier tison, je vis une forme blanche courbée, ou plutôt agenouillée dans l'attitude de la douleur, j'entendis une respiration haletante et entrecoupée de sanglots, et, frissonnant, je demandai qui est là.

La forme blanche se leva lentement et je reconnus la fée de Noël.

Non plus la fée belle et sereine qui, deux fois, m'était apparue, mais une jeune fille au regard triste et mourant, plein de larmes, au front pâle, aux lèvres décolorées... un fantôme!

– Fée de Noël! m'écriai-je, est-ce vous?

– Je ne suis plus la fée de Noël, me répondit-elle en pleurant, tu viens de me tuer, malheureux! et je veux te dire mon véritable nom avant de mourir.

Alors je la vis se fondre peu à peu en une flamme bleuâtre pareille à celle qui, autrefois, lui avait donné naissance, cette flamme éclaira d'abord le foyer, puis, diminuant, tremblota, crinière lumineuse, au-dessus du dernier tison, puis s'éteignit brusquement...

Et, alors, j'entendis une voix déchirante, brisée, empreinte du râle de l'agonie, qui perça le silence qui m'environnait et me cria :

– Je ne suis plus, et j'étais ta JEUNESSE !

Enfants qui venez de lire cette histoire, ayez la main ouverte toujours; donnez sans cesse et sans vous lasser. La *jeunesse* ne s'en va que lorsque le cœur est fermé.

La fée de Noël
1854

NICOLAÏ VASSILIEVITCH GOGOL

Vol de lune

Avant d'atteindre à la perfection avec le mélange de réalisme et d'humour qui caractérisa les œuvres de la maturité, Nicolaï Vassilievitch Gogol (1809-1850) puisa dans ses souvenirs d'enfance et dans le folklore petit-russien une partie de son inspiration.

Le dernier jour avant Noël était passé. La nuit, une claire nuit d'hiver, était venue. Les étoiles parurent. La lune, majestueusement, s'éleva dans le ciel pour éclairer les gens de bien et l'univers tout entier, et pour que chacun eût plaisir à chanter des noëls sous les fenêtres et glorifier le Christ. Le froid était plus vif qu'au matin ; mais en revanche, il régnait un tel silence, que le crissement de la neige sous les bottes s'entendait à une demi-lieue. Pas une seule bande de jeunes garçons ne s'était encore montrée sous les fenêtres ; la lune seule y glissait çà et là un regard à la dérobée, comme pour inviter les jeunes filles en train de s'attifer à sortir au plus vite dans la neige crissante. C'est alors que, jaillissant d'une cheminée, des volutes de fumée s'élevèrent comme un nuage dans le ciel, et, avec elles, une sorcière à cheval sur son balai. [...] Soudain, à l'autre bout du ciel, apparut une deuxième petite tache qui se mit à grandir, à s'étirer, et ce n'était déjà plus une simple tache. Un myope, eût-il posé sur son nez, en guise de lunettes, les roues de la calèche du commissaire, n'aurait quand même pas reconnu ce que c'était. Vu de face, on aurait juré un Allemand : un petit museau effilé, qui se tortillait et flairait sans arrêt tout ce qui pouvait bien se présenter à lui et se terminait, comme chez nous celui des cochons, par un petit sou rond ; des pattes si fines que le maire de Yareskov, s'il en avait eu de semblables, les aurait rompues à la première danse cosaque. Vu de dos, en revanche, c'était un véritable avoué de chef-lieu en uniforme, car il avait une queue aussi longue et effilée que les pans des uniformes d'aujourd'hui. Seuls peut-être la barbiche de bouc qu'il avait sous le museau, les petites cornes qui pointaient sur le haut de sa tête, et le fait qu'il n'était, des pieds à la tête, guère plus blanc qu'un ramoneur, laissaient deviner que ce n'était ni un Allemand, ni un avoué départemental, mais tout bonnement le diable, qui n'en avait plus que pour une nuit à traîner en ce bas monde et à donner aux bonnes gens des leçons de péchés. Car dès le lendemain, aux premiers sons de la cloche appelant les fidèles à la messe, il allait détaler sans se retourner, la queue entre les jambes, en direction de sa tanière.

Le diable, cependant, s'approchait de la lune à pas de loup, et déjà il allongeait le bras pour la saisir, lorsque soudain il retira vivement la main, comme s'il s'était brûlé, se suça les doigts, secoua la jambe, essaya de nouveau de l'autre côté, et de nouveau bondit en arrière en retirant sa main. Mais malgré ces échecs répétés, le diable, ce rusé compère, ne renonça pas à ses vilains tours. Revenant à la charge, il saisit brusquement la lune à deux mains, puis, soufflant et grimaçant, se mit à la

Minuit, chrétiens : l'heure du crime!

faire sauter d'une main dans l'autre, comme un paysan qui a pris un tison de sa main nue pour allumer sa pipe; enfin il la glissa hâtivement dans sa poche, et continua son chemin comme si de rien n'était.

A Dikanka, personne n'avait remarqué que le diable volait la lune. Sans doute le secrétaire cantonal, tandis qu'il sortait à quatre pattes de l'auberge, l'avait-il vue soudain se mettre à danser dans le ciel, et en assurait-il le village entier en prenant Dieu à témoin; mais les paroissiens hochaient la tête et allaient même jusqu'à se moquer de lui. Mais quelle raison avait le diable de se résoudre à une aussi coupable entreprise? Eh bien la raison, la voici : il savait que le riche Cosaque Tchoub avait été invité par le sacristain à venir manger la *koutia* en compagnie du maire, d'un parent du sacristain, chantre à l'archevêché, qui portait une redingote bleue et savait prendre les notes les plus basses, ainsi que du Cosaque Sverbygouz et de quelques autres; et que, outre la *koutia*, il y aurait encore de l'eau-de-vie aux épices et toutes sortes de choses à manger. Or, pendant ce temps-là, la fille de Tchoub, qui était la plus belle fille du village, resterait seule à la maison, et recevrait sans doute la visite du forgeron, un athlète et un gaillard de premier ordre, que le diable aimait encore moins que les sermons du père Kondrat. [...]

Il n'avait plus qu'une nuit pour rouler sa bosse ici-bas; mais en cette dernière nuit, il cherchait encore un moyen de décharger sa bile sur le forgeron. Voilà pourquoi il s'était résolu à voler la lune, comptant sur la paresse et l'indolence naturelle du vieux Tchoub, et sur la distance qui séparait son isba de la demeure du sacristain : la route passait en dehors du village, longeait les moulins et le cimetière, contournait le ravin. Encore s'il y avait eu le clair de lune : l'eau-de-vie aux épices et la vodka macérée avec du safran auraient pu alors décider Tchoub. Mais par une nuit si noire, c'était peine perdue que de vouloir le faire descendre de son poêle et sortir de sa maison. Et le forgeron, malgré sa force, ne se serait jamais risqué à rendre visite à la fille en présence du père, avec lequel il était depuis longtemps en mauvais termes.

La Nuit de Noël, in *Nouvelles ukrainiennes*,
traduit du russe par Henri Mongault

EUGÈNE SCRIBE

Gare au cimetière !

Cet opéra-comique en trois actes d'Eugène Scribe (1791-1861), pour lequel Henri Reber (1807-1880) composa la musique, fut représenté pour la première fois, à Paris, sur le théâtre de l'Opéra-Comique, le 9 février 1848. Extrait de l'Acte I, scène VII : le baron a décidé de donner un bal au nouveau château.

POTTINBERG, *présentant une chaise.*
Monseigneur veut-il s'asseoir ?

LE BARON.
Ah ! Pottinberg... le maître d'école... je l'invite aussi... ainsi que les frères... et les maris. Accompagnement indispensable qui contribuera, par le contraste, à l'ornement de notre bal... bal champêtre... dans la grande salle du nouveau château...

POTTINBERG, *effrayé.*
La grande salle du nouveau château !

LE BARON.
Sans doute !... on ne peut pas, la veille de Noël, donner à danser en plein air.

Gare au cimetière!

POTTINBERG, *de même.*
C'est à cause de cela... la veille de Noël!... et puis les fenêtres... de la grande salle... qui donnent justement sur le cimetière du village...

LE BARON.
Eh bien...

HENRIETTE.
Eh bien... monseigneur a donc oublié ce qu'on dit dans le pays... sur la veille de Noël.

LE BARON, *souriant.*
Oui... oui... il y a en effet quelque chose que je ne me rappelle pas bien exactement... et que tu peux nous redire. (*Montrant les seigneurs qui l'entourent.*) Ne fut-ce que pour ces Messieurs, qui sont étrangers!

LÉGENDE.
PREMIER COUPLET.

HENRIETTE.
Quand Noël ramène l'orage
Et blanchit le toit du clocher,
Du cimetière du village
Amis, gardez-vous d'approcher!
De minuit quand l'heure est sonnée,
On voit apparaître soudain
L'ombre de ceux qui dans l'année,
Doivent mourir!... ah! c'est certain,
C'est dans un gros livre latin!!!

Minuit, chrétiens : l'heure du crime!

>*(avec force)*
> C'est Noël!!!
> *(A demi-voix.)*
>> Et si vous êtes sage,
> Au cimetière du village
> La nuit ne portez pas
>> Vos pas!

>> CHŒUR, *avec force.*
> C'est Noël!!!
> *(A demi-voix.)*
>> Et si vous êtes sage,
> Au cimetière du village
> La nuit ne portez pas
>> Vos pas!

>> DEUXIÈME COUPLET.

>> ALBERT.
> Berthe, si dévote et si sage,
> La nuit, dans un fantôme blanc,
> Avait cru voir sa propre image...
> Ah! grand Dieu! mourir dans un an!
> Dès ce jour, et pour faire usage
> D'un temps si court, si précieux,
> Berthe, jusque là si sauvage,
> Pris sur-le-champ un amoureux,
> Et même on dit qu'elle en prit deux :
> C'est Noël!!! et si vous êtes sage,
>> Au cimetière du village
>> La nuit ne portez pas
>>> Vos pas!

CHŒUR.
Tremblez!!! et si vous êtes sage,
Au cimetière du village
La nuit ne portez pas
Vos pas!

TROISIÈME COUPLET

ALBERT ET HENRIETTE, *disant alternativement un vers, c'est Albert qui commence.*
Notre hôtesse avait pris pour maître
Un vieux jaloux qui la battait :
Elle voulut du moins connaître
Quand son ouvrage arriverait !
La nuit de Noël… en cachette,
Ell' vit l'ombre de son mari !…
Soudain et d'espoir stupéfaite,
Elle en eût le cœur si ravi
Qu'ell' mourut de joie avant lui !
C'est Noël!!! et si vous êtes sage,
Au cimetière du village
La nuit ne portez pas
Vos pas!

LE BARON, *gaiement.*
C'est effrayant! c'est juste comme en France… la tradition si authentique de treize à table! signe de mort dans l'année!

POTTINBERG.
Bien plus…

LE BARON, *riant.*
Comment!... ce n'est pas tout!

POTTINBERG, *d'un ton solennel.*
Si l'ombre apparaît dans la première heure de la nuit... c'est signe qu'on a plus que vingt-quatre heures à vivre et qu'on mourra dès le lendemain.

LE BARON.
En vérité!...

POTTINBERG, *avec persuasion.*
C'est connu!... témoin Barnek, le forestier général, qui l'année dernière est mort le jour de Noël... preuve que son ombre avait apparu la veille.

LE BARON.
C'est évident!...

La nuit de Noël, ou L'anniversaire
1848

« Le goût de… »

Le goût de l'Abyssinie
Le goût de l'Afghanistan
Le goût de l'Afrique
Le goût d'Alexandrie
Le goût d'Alger
Le goût d'Amsterdam
Le goût d'Antibes
Le goût d'Athènes
Le goût de l'Australie
Le goût de Bali
Le goût de Barcelone
Le goût de Belgrade
Le goût de Berlin
Le goût de Beyrouth
Le goût de la Birmanie
Le goût de Bombay
Le goût de Bordeaux
Le goût du Brésil
Le goût de la Bretagne
Le goût de Bruxelles
Le goût de Bucarest
Le goût de Budapest
Le goût de Buenos Aires
Le goût du Cambodge
Le goût du Canada
Le goût de Cannes
Le goût des cités impériales du Maroc
Le goût de Capri et autres îles italiennes
Le goût de Chicago
Le goût de la Chine
Le goût de la Corse
Le goût de la Crète
Le goût de la Croatie

Le goût de Cuba
Le goût de Deauville
Le goût de Dublin
Le goût de l'Égypte
Le goût de l'Engadine
Le goût de Florence
Le goût de Genève
Le goût de la Grande-Bretagne
Le goût du Grand Nord
Le goût de Grenade
Le goût de la Guadeloupe
Le goût de la Haute-Provence
Le goût du Havre
Le goût des îles Baléares
Le goût des îles grecques
Le goût de l'île Maurice
Le goût de l'Inde
Le goût des villes de l'Inde
Le goût d'Istanbul
Le goût de Jérusalem
Le goût de Kyoto
Le goût des lacs italiens
Le goût de Lille
Le goût de Lisbonne
Le goût de la Loire
Le goût de Londres
Le goût de Los Angeles
Le goût de Lourdes
Le goût de Lyon
Le goût de Madrid
Le goût de Marrakech
Le goût de Marseille
Le goût de la Martinique

Le goût de Mexico
Le goût du mont Blanc
Le goût de Montpellier
Le goût de Montréal
*Le goût du
Mont-Saint-Michel*
Le goût de Moscou
Le goût de Nancy
Le goût de Nantes
Le goût de Naples
Le goût du Népal
Le goût de New York
Le goût de Nice
Le goût de la Normandie
Le goût d'Odessa
Le goût de l'Orient
Le goût de Palerme
Le goût de Paris
*(3 volumes : 1. Le mythe ; 2.
L'espace ; 3. Le temps)*
Le goût du Paris insolite
Le goût du Pays basque
Le goût de Pékin
Le goût du Périgord
Le goût de Prague
Le goût de la Provence
Le goût du Rhin
Le goût de Rio
Le goût de Rome
Le goût de la Russie
*Le goût de Saint-Jacques-de-
Compostelle*
Le goût de Saint-Pétersbourg
Le goût de Salzbourg
Le goût de San Francisco
Le goût du Sénégal
Le goût de Séville
Le goût de Shanghai

Le goût de la Sicile
Le goût de Strasbourg
Le goût de la Suisse
Le goût de Tahiti
Le goût de Tanger
Le goût de la Thaïlande
Le goût du Tibet
Le goût de Tokyo
Le goût de Toulouse
Le goût de Tours
Le goût de Trieste
Le goût de Tunis
Le goût de Turin
Le goût de la Turquie
Le goût de Venise
Le goût de Versailles
Le goût du Vietnam
Le goût de Vienne

Le chant des villes
Le (dé)goût de la laideur
Le goût de l'amitié
Le goût de l'amour
Le goût de l'architecture
Le goût de l'argent
Le goût du baiser
Le goût du bleu
Le goût du bonheur
Le goût du bouddhisme
Le goût de la boxe
Le goût du café
Le goût de la campagne
Le goût du champagne
Le goût de la chanson
Le goût des chats
Le goût du cheval

Le goût des chiens
Le goût du chocolat
Le goût du ciel
Le goût du cinéma
Le goût de courir
Le goût de la cuisine
Le goût de la danse
Le goût des déserts
Le goût des desserts
Le goût de l'école
Le goût de l'enfance
Le goût des femmes
Le goût du football
Le goût de la forêt
Le dégoût de la guerre de 14-18
Le goût des haïku
Le goût de l'humour juif
Le goût des îles
Le goût des jardins
Le goût du jazz
Le goût du jeu
Le goût du judaïsme
Le goût de la lecture
Le goût de la marche
Le goût des mathématiques
Le goût de la mer
Le goût des mères
Le goût de la montagne
Le goût des mots

Le goût de la musique
Le goût de l'opéra
Le goût du noir
Le goût des parfums
Le goût de la pêche
Le goût de la peinture
Le goût de la photo
Le goût de la poésie amoureuse
Le goût de la poésie française
Le goût de la radio et autres sons
Le goût du rêve
Le goût de la révolte
Le goût du rock'n'roll
Le goût de la rose
Le goût du rouge
Le goût du rugby
Le goût du sexe
Le goût du tabac
Le goût du thé
Le goût du théâtre
Le goût des vampires
Le goût du vélo
Le goût des villes imaginaires
Le goût du vin
Le goût du voyage

Réalisation Pao : Dominique Guillaumin
Achevé d'imprimer
sur les presses de l'imprimerie Laballery
en octobre 2015.
Imprimé en France.

Dépôt légal : octobre 2015
N° d'imprimeur : 510249

286869